This Book Comes With Free Bonus Puzzles
Available Here:

BestActivityBooks.com/WSBONUS20

5 TIPS TO START!

1) HOW TO SOLVE

The Puzzles are in a Classic Format:

- Words are hidden without breaks (no spaces, dashes, ...)
- Orientation: Forward & Backward, Up & Down or in Diagonal (can be in both directions)
- Words can overlap or cross each other

2) ACTIVE LEARNING

To encourage learning actively, a space is provided next to each word to write down the translation. The **DICTIONARY** allows you to verify and expand your knowledge. You can look up and write down each translation, find the words in the Puzzle then add them to your vocabulary!

3) TAG YOUR WORDS

Have you tried using a tag system? For example, you could mark the words which have been difficult to find with a cross, the ones you loved with a star, new words with a triangle, rare words with a diamond and so on...

4) ORGANIZE YOUR LEARNING

We also offer a convenient **NOTEBOOK** at the end of this edition. Whether on vacation, travelling or at home, you can easily organize your new knowledge without needing a second notebook!

5) FINISHED?

Go to the bonus section: **MONSTER CHALLENGE** to find a free game offered at the end of this edition!

Want more fun and learning activities? It's **Fast and Simple!** An entire Game Book Collection just **one click away!**

Find your next challenge at:

BestActivityBooks.com/MyNextWordSearch

Ready, Set... Go!

Did you know there are around 7,000 different languages in the world? Words are precious.

We love languages and have been working hard to make the highest quality books for you. Our ingredients?

A selection of indispensable learning themes, three big slices of fun, then we add a spoonful of difficult words and a pinch of rare ones. We serve them up with care and a maximum of delight so you can solve the best word games and have fun learning!

Your feedback is essential. You can be an active participant in the success of this book by leaving us a review. Tell us what you liked most in this edition!

Here is a short link which will take you to your order page.

BestBooksActivity.com/Review50

Thanks for your help and enjoy the Game!

Linguas Classics Team

1 - Antiques

```
E T I R K R W H I A T B F Q
S L E B E M L A K Y A H Y A
Q A E X U F E Q S O N G I Y
I D N G W Z R I E M G A G T
Y E A A A J U Q N R A L A A
M K O F T N J I A A L E Y T
A O N I A D T Y Z S A R R I
T R O T K E L L O K R E I K
G A I X R A N B X A S Y O L
B T S Z P A G U Z V A A D A
W İ K I E V H L C H F M D S
D V U S U G D S H N R Q I H
I L A M G I Z U L O Z F Y M
T H R S F N O Q L S I F A T
```

SAN'AT	GALEREYA
AUKSION	SARMOYA
HAQIQIY	ESKI
ASR	NARX
TANGALAR	SIFAT
KOLLEKTOR	QAYTA TIKLASH
SHART	HAYKAL
DEKORATİV	USLUB
ELEGANT	G'AYRIODDIY
MEBEL	QIYMAT

2 - Food #1

```
P F T F T O ' N S S M G R J
M J W L A U R A H M W S H S
L M O G L O H S O A O L U G
N Z O F A I W E R H S W S T
T O F U S Q G L V L A M H J
F X D N T L U P A S B P A J
Z M Q I U B X L S L Z N R Y
R N O M I L I S A B I S B M
H U L Y E R Y O N G O Q A I
S H A K A R P N O K A P T A
Z C M I G N C I Q Y H R U J
L L S R F A K I Y R A W P G
H O I O Z K F E R O R V D A
J D Q U L U P N A Y Z U T O
```

O'RIK	NOK
ARPA	SALAT
BASIL	TUZ
SABZI	SHO'RVA
DOLCH	ISMALOQ
SHARBAT	QULUPNAY
LIMON	SHAKAR
SUT	TOFU
PIYOZ	TO'N
YERYONG'OQ	SHOLG'OM

3 - Measurements

```
Y M M A R G O L I K G K U F
O I E K E N G L I G I I Z Z
W V Q T O E Q Y U X D L U M
H F O Q R K A S R J A O N D
L Q V Z L G R A M X Q M L H
R T E M I T N A S P I E I A
F X D Q T X J W U E Q T K B
S N Z L R J P C H A A R X A
T O N M C H U Q U R L I K Y
A H K B A J A R A D V D O T
U O L W V S O M K N A Y ' R
P W S H S S S R N M Z U T F
V H B B B R A A R J N Y U B
B A L A N D L I G I D M C I
```

BAYT	UZUNLIK
SANTIMETR	LITR
KASR	MASSA
DARAJA	METR
CHUQURLIK	DAQIQA
GRAM	O'T
BALANDLIGI	TON
DYUYM	OVOZ
KILOGRAMM	VAZN
KILOMETR	KENGLIGI

4 - Farm #2

```
M O R D A K M C O V R Q Q T
S A Q L T K M N Y E T O V R
U M K Z A A Y A R P A Z H A
G A P K B M F M A B L I R K
O L K I A O D A L U O C M T
R L G L S J G H Y G V H E O
I C K F X H O C O O Q O V R
S N W E Q S G X Q D A Q A E
H M V F U Y N A O O T N E M
S A B Z A V O T N R A B S R
M E O P W M P P T Q I T U E
M H R A L N O V Y A H V T F
E B E U U Z H K H C M P O I
D G Y W T Z C N X X I I G C
```

HAYVONLAR	LLAMA
ARPA	CHAMAN
BARN	SUT
MAKKAJO'XORI	BOG'
O'RDAK	PISHGAN
FERMER	QO'YLAR
OVQAT	CHO'PON
MEVA	TRAKTOR
SUG'ORISH	SABZAVOT
QO'ZICHOQ	BUG'OD

5 - Books

```
S H Y O Z I L G A N A J W F
S H A C O B S Q V A K B I O
A N E Z Q R O M A N G L Z J
R H A R I H C O R I T X I I
G I D Z F L W E F T H U C A
U K A R O I H C V U Q O C L
Z O B X V Y Y I X I R A T I
A Y I U U F T S K E T N O K
S A Y X M I A C I O M U M F
H C T O P L A M P L Y D G E
T H J H A L M P E U D A C P
L I K O Q A I K K I L I K V
V E M W V U S H E R I Y A T
O B M G O M S A H I F A G O
```

SARGUZASHT
MUALLIF
TO'PLAM
KONTEKST
IKKILIK
EPIK
TARIXIY
HAZIL
IXTIROCHI
ADABIY

HIKOYACHI
ROMAN
SAHIFA
SHE'R
SHE'RIYAT
O'QUVCHI
MUVOFIQ
HIKOYA
FOJIALI
YOZILGAN

6 - Meditation

```
T H L W T K Y P X O U H P D
D E X T B A E W R D Y J I M
M F I K R L A R Q A G H H B
O E L I E R Z H A T O A I T
R E H A Q L U Z B L N R S I
G M T R S T K H U A E A S N
A P A Q I S U M L R A K I C
N D I C R B F E A G Z A Y H
I E B L S P O E J G C T O L
S T A M H A R N I K O S T I
H I T A Q Q I D L C H U L K
Q A R A S H K X D I R Z A P
R A V S H A N L I K K X R H
N A F A S O L I S H V D T I
```

QABUL	RUH
DIQQAT	AQL
UYG'ON	HARAKAT
NAFAS OLISH	MUSIQA
SOKIN	TABIAT
RAVSHANLIK	TINCHLIK
RAHMAT	QARASH
HISSIYOTLAR	JIM
ODATLAR	FIKRLAR
MEHRIBONLIK	O'RGANISH

7 - Days and Months

```
U C B M O R W O Z A O C H T
W F X R W Y U J H M K N A A
C H O R S H A N B A T O F I
Y A K S H A N B A M Y Y T X
D U S H A N B A C U A A A M
A V G U S T Y Y R J B B B M
P A Y S H A N B A R R R N A
I Y U L E R P A E M H R A R
T O B A P Z A B N A H S H T
A L E R Y I L V N K M B S X
Q E S V M N P J N Z R C E Y
V M R E Q L F L B A B D S C
I Y V F C Z I U O E Y M X A
M C M S E N T Y A B R F T S
```

APREL	NOYABR
AVGUST	OKTYABR
TAQVIM	SHANBA
FEVRAL	SENTYABR
JUMA	YAKSHANBA
YANVAR	PAYSHANBA
IYUL	SESHANBA
MART	CHORSHANBA
DUSHANBA	HAFTA
OY	YIL

8 - Energy

```
C U E N T R O P I Y A Z C L
U I T S F E B H E S Z K S T
J S Y G H V L K E Y T V A I
B S N O R T K E L E N E B H
E I K A R B O N K H I M A U
N Q D H Q J R O R T A O N M
Z L Z A D Y D T I S R T I F
I I F W G O A O S S O O B O
N K D T Q N Y F G Q R R R R
Z Y G I G L I Q O Y O N U T
N B B U Z S A N O A T M T A
G V U A Y E R A T A B D G P
S H A M O L L E T A G I V D
I F L O S L A N I S H P D O
```

BATAREYA
KARBON
DIZEL
ELEKTR
ELEKTRON
DVIGATEL
ENTROPIYA
ATROF-MUHIT
YOQILG'I
BENZIN

ISSIQLIK
SANOAT
MOTOR
YADRO
FOTON
IFLOSLANISH
STEAM
TURBINA
SHAMOL

9 - Chess

```
Q O Y R A L O M M A U M L O
U O Y I N Y L L A B Y O A Q
R I N R U T A E U L V S N O
B L Q U R G I H C N I Y O I
O Q N X Q A R O Q A S K G D
N S F Q G T Q X P B S S A A
V A Q T P B H I M A A F I L
C H E M P I O N B B P O D A
T O Y T T C Q T D Z F I E R
C H R E Y C F N A Z P Z P T
K S R R D B T Q C N U N D R
S T R A T E G I Y A L S E V
O R G A N I S H A R A O K T
V E L E M N P M H L Z I V M
```

QORA
MUAMMOLAR
CHEMPION
TANLOV
DIAGONAL
O'YIN
SHOH
RAQIB
PASSIV
O'YINCHI

BALL
MALIKA
QOIDALAR
QURBON
STRATEGIYA
VAQT
O'RGANISH
TURNIR
OQ

10 - Archeology

```
J  L  J  O  X  F  K  O  Z  P  V  U  A  E
M  E  N  M  I  I  E  M  F  M  V  W  R  E
O  Q  Z  G  G  D  C  L  Z  A  A  Q  A  I
M  U  L  A  M  O  N  H  Y  N  J  B  R  H
U  N  U  T  I  L  G  A  N  T  A  M  A  C
E  R  A  B  D  V  A  P  A  I  M  U  L  T
T  B  R  R  A  A  X  T  M  K  O  T  A  O
T  A  N  E  Q  H  D  Z  L  D  A  A  M  Q
C  Q  D  R  L  E  O  V  I  A  R  X  L  I
E  D  L  O  L  I  U  L  Z  V  Q  A  I  Q
T  A  H  L  I  L  C  J  A  R  R  S  P  D
N  A  R  S  A  L  A  R  Q  S  M  S  O  A
M  A  D  A  N  I  Y  A  T  P  H  I  T  T
S  U  Y  A  K  L  A  R  S  I  R  S  G  Q
```

TAHLIL	UNUTILGAN
QADIMGI	QAZILMA
ANTIK DAVR	SIR
SUYAKLAR	NARSALAR
MADANIYAT	RELIC
AVLODI	TADQIQOTCHI
ERA	JAMOA
BAHOLASH	MA'BAT
MUTAXASSIS	QABR
TOPILMALAR	NOMA'LUM

11 - Food #2

```
P  I  S  H  L  O  Q  Y  J  B  N  U  B  P
S  M  V  E  J  N  V  N  Y  R  W  Q  A  U
T  Y  B  P  O  M  I  D  O  R  S  I  L  U
O  O  S  E  L  D  R  L  Q  Q  I  V  I  K
G  V  V  Z  O  L  M  A  X  Y  N  R  Q  Q
H  R  K  U  A  R  T  I  S  H  O  K  N  O
V  J  B  J  Q  X  S  L  O  C  J  H  Z  Z
W  E  S  S  N  L  H  O  L  U  A  N  W  I
U  T  K  U  P  H  O  K  I  R  L  O  Q  Q
Y  Z  U  H  E  L  K  K  G  U  Q  N  B  O
A  L  U  X  W  H  O  O  X  G  A  A  U  R
K  H  A  M  U  J  L  R  W  E  B  N  G  I
Q  A  T  I  Q  M  A  B  J  Q  H  A  O  N
Z  V  S  C  O  S  D  W  X  S  Q  B  D  X
```

OLMA	TUXUM
ARTISHOK	BAQLAJON
BANAN	BALIQ
NON	UZUM
BROKKOLI	KIVI
SELDR	QO'ZIQORIN
PISHLOQ	GURUCH
GILOS	POMIDOR
TOVUQ	BUG'OD
SHOKOLAD	QATIQ

12 - Chemistry

```
H Z U T X O W C V M H A D K
E A T O L S I K A R Y J G A
V G R T A V S W A H Y K K T
I O O O R D A Y L T T A I A
S D D F R E H G U I N R S L
H E M O T A C J K O E B L I
Q Z B E R W T R E N M O O Z
O K C J L O B X L O R N R A
R E U Z L E D V O Y E Z O T
L L K V T G K E M U F A D O
I S U Y U Q S T V B W V S R
F V F K I N A G R O F V Y V
Y M M J X Z M X X O N X G W
I S S I Q L I K H E N J A Q
```

KISLOTA
ISHQORLI
ATOM
KARBON
KATALIZATOR
XLOR
ELEKTRON
FERMENT
GAZ
ISSIQLIK

VODOROD
ION
SUYUQ
MOLEKULA
YADRO
ORGANIK
KISLOROD
TUZ
HARORAT
VAZN

13 - Music

```
M F A Y L A R E P O K A K F
E M R M I L L Q P H U R A P
L Q I R R X X B K A Y U J U
O G O D I E O B O Z L U E Y
D A E S K L R Y E M A G B A
I R M K H S A K I S S A L K
Y M U I L I L W T Z H C W Y
A O S T S E Q A R M O N L I
D N I E H K K C R I T M I K
A I Q O M O Y T H X A T F U
L Y A P I Q M X I I G I U V
L A C V O K A L A K Z R U C
A O H S I L O B I Z O Y A G
B B I M I K R O F O N M G V
```

ALBOM	MUSIQACHI
BALLADA	OPERA
XOR	POETIK
KLASSIK	YOZIB OLISH
EKLEKTIK	RITM
ARMONLI	RITMIK
GARMONIYA	KUYLASH
LIRIK	QO'SHIQCHI
MELODIYA	VOKAL
MIKROFON	

14 - Family

```
C M Z X O T I N F S O B V I
D H Z R F D H H A K A O R Q
O D E M I E D M P V T L Q P
D T R D D A T M Z K O A Q S
J A A P M A M A K I ' L W T
A F L O X A L A Y L R A A F
A P O S N A Y I J A A R N M
W P B D O A V Z V L T A F O
T F T Y J N D I O O E C Z O
X B M U I A T Q C B Y I I U
E O B W V B W G I D O T Q O
C L P E U I Q F S I N B X T
F P C A B R Q K I S A B P A
A H C H C A V I K A M A F H
```

AJDOD
XALA
AKA
BOLA
BOLALIK
BOLALAR
AMAKIVACHCHA
QIZI
OTA
TO'RA

BOBO
BUVIJON
NABIRA
ER
ONA
JIYAN
OTA-ONA
OPA
AMAKI
XOTIN

15 - Farm #1

```
J Q Z O B E Z N N S S J Q X
P K J B L U V M G I D R N T
F M O F J H Z W Y G A F L U
A I R F S V Y O O I S O T R
B U R A K L A R Q R A H T U
E C H K I P H K X R L E Y G
I I R A L A S A M G O L V L
G D G H H W N O C A W D P A
U U Q S T C T Q V V Y N B R
B E R E F R O P R H D J V G
I C S U B Q V D S C S U V O
Z D Y K C C U V G X D N G B
O M E T B H Q E K N O G I T
N M U S H U K M A Y D O N I
```

ASALARI	O'G'IT
BIZON	MAYDON
BUZOQ	ECHKI
MUSHUK	HAY
TOVUQ	ASAL
SIGIR	OT
KROW	GURUCH
IT	URUG'LAR
ESHAK	BURAKLAR
DORQ	SUV

16 - Camping

```
H  T  R  T  H  S  A  Z  U  G  R  A  S  R
K  A  O  L  M  A  Z  S  H  L  Y  A  P  A
P  T  M  G  X  P  S  R  S  O  O  N  O  L
I  I  D  O  B  M  D  H  E  K  N  I  V  N
Q  R  U  X  K  O  A  U  A  Y  D  B  C  O
C  A  I  R  O  K  R  A  D  R  N  A  H  V
B  X  L  N  U  V  A  X  W  I  O  K  I  Y
L  O  E  C  R  B  X  A  O  D  M  T  L  A
T  A  B  I  A  T  T  P  Q  O  R  H  I  H
R  B  C  A  M  N  L  O  Y  H  O  M  K  E
C  I  A  F  K  R  A  O  P  C  V  B  I  E
C  V  G  H  G  J  R  K  A  N  O  E  D  B
I  H  V  H  A  R  Q  O  N  J  L  V  R  W
Q  I  Z  I  Q  A  R  L  I  Q  O  Q  W  E
```

SARGUZASHT	OVCHILIK
HAYVONLAR	HASHAROT
KABINA	KO'L
KANOE	XARITA
KOMPAS	OY
OLOV	TOG'
O'RMON	TABIAT
QIZIQARLI	ARQON
HAMOK	CHODIR
SHLYAPA	DARAXTLAR

17 - Algebra

```
D F R A K S I Y A P Q Z T Y
Z I S K E H C I M X A V R C
O W A S T I R T A M V S A E
C N O G L O Y W L Y S V Q B
F E M G R I C V G X R S A O
C S Q S T A A M N U M I M U
Q H H E T Z M G E F U R S I
O O I J I Z H M T O A O K H
I M V Z F A J B A R M D L S
Y I L G I H A Y L M M Q X J
X L G J L Q R G R U O I B U
G R A F I K L L O L A M B D
Y E C H I M F I T A B N J Q
O ' Z G A R C H I I I S E P
```

DIAGRAMMA
TENGLAMA
OMIL
YOLG'ON
FORMULA
FRAKSIYA
GRAFIK
CHEKSIZ
CHIZIQLI

MATRITSA
RAQAM
QAVS
MUAMMO
MIQDORI
YECHIM
AYRISH
O'ZGARCHI

18 - Numbers

```
D S Q A U C Z I K K A S N O
A I O O L T I T R O T I K N
B I R N K Q Y T Q X X K A T
O E I W T J L E L I S K S O
O N F V S O N Y E N H I R R
N R U L W B Q U C H G L D T
O I A C H E T Q O N B E S H
L K L W H S Q H I K K I N O
T C A N S H T J S Z Z J V F
I J S O N T O Q Q I Z Z R W
O N Y E T T I Y I G I R M A
S A K K I Z T H Q F N T E P
K T L U C B F I A N L C W Q
R C C Y L H O S H I L T L Q
```

KASR	YETTI
SAKKIZ	O'N YETTI
O'N SAKKIZ	OLTI
O'N BESH	O'N OLTI
BESH	O'N
TO'RT	O'N UCH
O'N TO'RT	UCH
TO'QQIZ	O'N IKKI
O'N TO'QQIZ	YIGIRMA
BIR	IKKI

19 - Spices

```
Z U T J Q A L Z Q P K A P V
K A M D X W A A O I A R A J
B A N T Q S Z F ' Y R I P J
V Y S J T K Z R N O D Z R N
I I T H A S A O G Z A O I J
L M X W N B T N ' Q M N K Z
I L D D F I I B I L O I A K
N I R I H S C L R Y M M B I
A Z E Y C H E H O D O L C H
V I S S V V W F Q N W M H K
V Q D D I F E N U G R E E K
Z I R A R N U T M E G S F S
A O U F A R A A C H C H I Q
X L D O K R H M F O I Z S P
```

ANISE	LAZZAT
ACHCHIQ	ZANJABIL
KARDAMOM	QIZILMIYA
DOLCH	NUTMEG
QO'NG'IROQ	PIYOZ
KASHNICH	PAPRIKA
ZIRA	ZAFRON
KARI	TUZ
ARIZON	SHIRIN
FENUGREEK	VANIL

20 - Universe

```
Q U Y O S H T N O T C W Z C
K T X N Z L K E Y G D S R S
A F N O H E O G L K Z O D S
I P S K N A S I J E P C V B
D I Y I V O M A S Z S V J Q
O R A H S M I R A Y D K Q Z
Z U L M A T K S P D J L O G
C B A Y I M O N O R T S A P
P T J A S T E R O I D B T Z
A S T R O N O M E M R Z I E
A Y I S T I T S L O S Y B I
K E N G L I K R A L N O R S
G A L A K T I K A J Q X O T
A T M O S F E R A U F Q K I
```

ASTEROID	UFQ
ASTRONOM	KENGLIK
ASTRONOMIYA	OY
ATMOSFERA	ORBITA
SAMOVIY	OSMON
KOSMIK	QUYOSH
ZULMAT	SOLSTITSIYA
EON	TELESKOP
GALAKTIKA	ZODIAK
YARIMSHAR	

21 - Mammals

```
F  T  U  O  P  U  B  K  O  W  S  W  K  S
B  C  W  S  E  M  E  Q  X  R  H  X  M  R
Z  U  Z  G  B  C  A  S  O  C  E  W  H  C
S  V  R  B  G  L  V  S  F  Y  R  A  O  H
W  V  C  L  J  A  E  S  O  D  L  F  E  B
U  F  I  L  V  P  R  U  S  T  K  A  A  O
W  I  U  B  S  E  K  F  M  I  J  R  R  R
O  A  J  C  X  K  L  G  D  U  P  I  B  I
X  K  Q  I  Y  A  Q  U  B  O  S  J  E  J
K  I  T  B  M  N  I  F  L  E  D  H  Z  S
X  O  O  T  M  G  Q  V  I  A  X  V  U  O
C  X  Y  E  A  U  G  O  R  I  L  L  A  K
C  V  O  V  A  R  P  Y  Q  U  Y  O  N  A
Q  T  K  T  N  U  M  Y  A  M  I  W  N  K
```

AYIQ	GORILLA
BEAVER	OT
BUQA	KANGURU
MUSHUK	SHER
KOYOT	MAYMUN
IT	QUYON
DELFIN	QO'YLAR
FIL	KIT
FOX	BO'RI
JIRAFA	ZEBRA

22 - Bees

```
L X F R P T B E Q U N P O T
M G R A L K I L M I S O V G
A K M A L I K A A M T L Q U
W R L Z R B L P Q M P E A L
O V H S O Y U Q X T R N T L
B O G M T U T U N F L A S A
E T O R A H S A H O M X W R
K F N X N X P O Y V X V S
O D R O I V D I P D M U M L
T H R D L L W H S A L L U G
I K I L L I X A M L I X A G
Z I W N O Z G J N I R P F R
I F V L P H A B I T A T J R
M M E V A L T K W X N H A Q
```

FOYDALI

GULLASH

XILMA-XILLIK

EKOTIZIM

GULLAR

OVQAT

MEVA

BOG'

HABITAT

OIV

ASAL

HASHAROT

O'SIMLIKLAR

POLEN

POLLINATOR

MALIKA

TUTUN

QUYOSH

SWARM

MUM

23 - Weather

```
J  A  Q  S  H  A  M  O  L  Y  Q  M  K  S
X  T  U  F  K  I  P  O  R  T  U  O  A  H
T  M  R  B  T  U  Q  P  A  F  R  M  M  A
G  O  G  M  U  Q  J  L  M  B  U  A  A  B
O  S  O  L  M  L  Q  R  I  Y  Q  Q  L  A
Q  F  Q  O  U  M  U  G  D  M  B  A  A  D
B  E  C  S  Z  F  X  T  Q  N  M  L  K  A
O  R  H  M  S  T  U  M  A  N  U  D  P  V
R  A  I  O  M  E  B  N  Y  J  S  I  Z  F
O  J  L  N  G  P  L  N  C  D  O  M  N  W
N  D  I  R  V  O  W  O  D  A  N  R  O  T
L  L  K  C  H  A  R  O  R  A  T  S  L  Y
N  Y  L  I  F  M  M  A  C  G  B  N  V  J
J  V  G  O  Q  C  Y  J  G  I  S  L  H  J
```

ATMOSFERA	MUSON
SHABADA	QUTB
IQLIM	KAMALAK
BULUT	OSMON
QURG'OQCHILIK	BO'RON
QURUQ	HARORAT
SEL	MOMAQALDI
TUMAN	TORNADO
MUZ	TROPIK
YAQDIM	SHAMOL

24 - Adventure

```
I M K O N I Y A T P F X Y N
M U A M M O L A R V A A W A
C S Q G A Y R A T P O V E V
G A I T P C F H Y U L F Y I
M Y Y A R M G D V K I S A G
A O I B X A V F L I Y I N A
R H N I N Y U C T L A Z G T
S A C A D C D L I L T L I S
H T H T M O C A E A N I R I
R I I P L A S V T Z T K G Y
U U L W J S Q T N O C E S A
T F I R S N F S L G O B R N
N R K F Q T Q B A A T M L F
S X U R S A N D I D R C A R
```

FAOLIYAT	DO'STLAR
GO'ZALLIK	MARSHRUT
MUAMMOLAR	XURSAND
IMKONIYAT	TABIAT
XAVFLI	NAVIGATSIYA
MAQSAD	YANGI
QIYINCHILIK	XAVFSIZLIK
G'AYRAT	SAYOHAT

25 - Circus

```
S M U Y T S O K J D K P O H
E A I B Y G R K U K O G J A
H S L R Q N Z I G C R A D Y
R X F Y O D D M G X S H O V
G A R M I Z L G L N A G I O
A R B Q S H D S E U T S K N
R A M U S I Q A R M I E G L
U B S H A R L A R Y S H S A
Q O R B B C M B L A H R H R
I Z I B Y H G M U M P Y E E
Q A N D H O B F P S I W R G
X M L D A D U B I Y O J A I
V T M X Q I G H M L G P S T
H T A B O R K A B W L G L X
```

AKROBAT	SEHRGAR
HAYVONLAR	MAYMUN
SHARLAR	MUSIQA
QAND	PARAD
MASXARABOZ	KO'RSATISH
KOSTYUM	AJOYIB
FIL	CHODIR
JUGGLER	TIGER
SHER	HIYLA
SEHR	

26 - Restaurant #2

```
B K T A V E M X O T R W B I
A A S S P T U S H L I K O C
L F G E A P T H M S W S X H
I E Z M Y B E M P X W D Q I
Q D A U Y E Z T A L A S O M
M R S X T Z B A I Z H V S L
S A Z U R E R O V Z S Z H I
O F I T S I A N T O E J I K
S O T Q S R L S Q M T R Q M
H S Z W Z P A O G A X L U U
O S U V I L K E K Z N R A Z
R W I U H V L S S A P Q G R
V P U U W J I B X L K J S V
A R A L R O V A R I Z W F V
```

APPETIZER	TUSHLIK
ICHIMLIK	SALAT
KEK	TUZ
KAFEDRA	SHO'RVA
MAZALI	ZIRAVORLAR
TUXUM	QOSHIQ
BALIQ	SABZAVOTLAR
VILKALAR	OFITSIANT
MEVA	SUV
MUZ	

27 - Geology

```
Y P H R A L L A T S I R K T
G E Y Z E R A Z V X R Z N U
N Q P A U O F V L J Y A Q Z
T S S I H G R R A A D B V D
K A L S I Y M A R J O N P K
W S K G Q O B L L T Q O L V
M I N E R A L L A R A Q A U
Q O V L A G E K H I T L T Q
L W A Z I L Z I L A L U O I
Q A Z I L M A S D Q A V Q T
S T A L A K T I T Y M A R A
L J I I R N P G U T O S H K
E K I S L O T A Y I Z O R E
T F D E L N D X F M F Q L D
```

KISLOTA	GEYZER
KALSIY	LAVA
G'OR	QATLAM
QIT'A	MINERALLAR
MARJON	PLATO
KRISTALLAR	KVARS
SIKLLAR	TUZ
ZILZILA	STALAKTIT
EROZIYA	TOSH
QAZILMA	VULQON

28 - House

```
D H B G T M C K P K E U V B
D Q Q V P I H A A U S T Z O
B R Q R P Y I L R T H F Y G
X O N A S Z R T D U I M O T
B D G N N H O L A B K N E A
U Y K X K O Q A L X Q I B Q
D U S H Y V X R A O I H O M
O Y N A E M U H R N V H L S
T I U C R S E R S A F V O U
K F R H T E V B J O N X X P
A Z A Y O Y I D E M Y Z O U
M Y N J L L K V H L E Y N R
I C N B A Z V T E J A R A G
N D E V O R B I A H X Z R I
```

BOLOXONA	BOG'
YERTO'LA	KALTLAR
SUPURGI	OSHXONA
PARDALAR	CHIROQ
ESHIK	KUTUBXONA
DORQ	OYNA
KAMIN	TOMI
QAT	XONA
MEBEL	DUSH
GARAJ	DEVOR

29 - Physics

```
B Q A H X M Z I T E N G A M
E E H S J M O Y A D R O G O
T K V I G K I L Y I B S I N
A I J R L A S R E V I N U M
R M K I L H C I Z K E F N A
T Y A T T E Z L I K U Y F S
I O H Y N L V C E B S L R S
B V C A Z Y Q J W G A Z A A
L I A G C H A S T O T A S I
I Y R N D V I G A T E L K A
K O R E L E K T R O N I X J
K K A K I N A X E M A T O M
E K Z T E Z L A N I S H L S
B G R F O R M U L A R B X W
```

TEZLANISH   GAZ
ATOM   MAGNETIZM
BETARTIBLIK   MASSA
KIMYOVIY   MEXANIKA
ZICHLIK   MOLEKULA
ELEKTRON   YADRO
DVIGATEL   ZARRACHA
KENGAYTIRISH   NISBIYLIK
FORMULA   UNIVERSAL
CHASTOTASI   TEZLIK

30 - Coffee

```
L K O F E I N A K Q O T S K
T M I A S L I G R X G A U I
J W K P M W Q S O O V Z Y S
C R G Z X M Q M S O M Z U L
V H N Z M Q O R A A E A Q O
B V O P E Z W C F H K L B T
C E T U R L I H D I I Y F A
D M F C K A B X Z I L J Z L
V H B C D F K R H I M T L I
S U V P W H S A L G I Y E Z
A C H C H I Q N H X H A Q R
A S A D A F X E K S C T Q P
Q O V U R I L G A N I G O A
S U T N S I H X G I K A H G
```

KISLOTALI	YIG'LASH
AROMA	SUYUQ
ICHIMLIK	SUT
ACHCHIQ	TONG
QORA	ASLI
KOFEIN	NARX
KREM	QOVURILGAN
CUP	SHAKAR
FILTER	TURLI
LAZZAT	SUV

31 - Colors

```
F E X T S H V J F E R A V Y
M A G E N T A I Q U E Z O U
K Y X Y C H T G P I Ş C P L
L I H S A Y Y A U C Z Y I S
S P X B R Z A R S A A I A B
A E Q U O A P R H H Z B L E
R S V T Q S E A T S R U H J
I I E N W S L N I F K L R E
Q K C Y A N S G A A U L A E
P O K O B B I B O N L L S U
P K D Q K G N O Z I R L F B
I N D I G O E Q A B A V A N
S U R W O T T I H U N B S C
P X N W X B G C Q S G J S V
```

AZURE	MAGENTA
BEJ	APELSIN
QORA	PUSHTI
KO'K	SAFSAR
JIGARRANG	QIZIL
CYAN	SEPIYA
FUŞYA	BINAFSHA
YASHIL	OQ
KULRANG	SARIQ
INDIGO	

32 - Shapes

```
W B K V A D R A T G S M H J
A Y U P R I Z M A E I U F B
X R I R A L T E H C L A V O
Q Q B D C C G C P D I F A J
A U Z I Q H W W V H N Z B D
E L L I P S A X S W D J M C
K N O Y S C Q K Q A R E F S
I C Y B V M P X T N T E K G
K A H C R U B P O K E R U D
K L F S U E A X M M X A B P
C V P W M Z P E E Y R G X Z
K O N U S A D I M A R I P N
L P D O I R A T G A R C R K
R N K H E G R I C H I Z I Q
```

ARC	GIPERBOLA
DOIRA	SATR
KONUS	OVAL
BURCHAK	KO'PBURCHAK
KUB	PRIZMA
EGRI CHIZIQ	PIRAMIDA
SILINDR	YON
CHETLARI	SFERA
ELLIPS	KVADRAT

33 - Scientific Disciplines

```
P S I X O L O G I Y A E A A
I M M U N O L O G I Y A S N
K C I G S A I A S I I Y T A
B W T P I Y B Y R Z G I R T
I A V W I I O I P G O G O O
O N D Q E G C G M L L O N M
K A Y I G O L O K E O L O I
I R R V L L I L A X I O M Y
M A K I N A T O B H Z R I A
Y A C R L R Q I K K I V Y O
O Y J H H E E B L I F E A U
B M E X A N I K A M U N M D
A O D C R I N T A Y C X F F
N G X D S M R P W O L Z H K
```

ANATOMIYA	IMMUNOLOGIYA
ASTRONOMIYA	MEXANIKA
BIOKIMYO	MINERALOGIYA
BIOLOGIYA	NEVROLOGIYA
BOTANIKA	FIZIOLOGIYA
KIMYO	PSIXOLOGIYA
EKOLOGIYA	

34 - Science

```
B D H Y U B K G V Y L F G T
B W V Z K S H Y M O J I I O
R A L T O M U L A M J Z P L
I L T K Z V R L S O T I O I
M O L E K U L A L A R K T M
Z J N V O W I E L E B A E T
S Q C D V V M O T A C H Z A
H A Q I Q A T R P Q R H A E
I Z M K W M G U O L R Z R
Z Q A B I R J A T A B I A T
R A L L A R E N I M E W V Z
E R V I F R Y I V O Y M I K
D L H A M L I Z A Q H Q D O
T O R T I S H M L Y F M T K
```

ATOM   USUL
KIMYOVIY   MINERALLAR
IQLIM   MOLEKULALAR
MA'LUMOTLAR   TABIAT
TAJRIBA   ORGANIZM
HAQIQAT   ZARRALAR
QAZILMA   FIZIKA
TORTISH   OLIM
GIPOTEZA

35 - Beauty

```
Y  S  Z  D  R  S  N  M  R  A  H  C  K  L
Z  O  D  R  A  P  A  A  R  A  T  S  I  A
Q  Q  G  B  L  T  F  H  U  K  A  B  N  B
R  S  G  L  T  M  I  S  P  I  X  Y  E  B
D  A  B  F  A  R  S  U  T  T  O  I  G  O
M  R  N  M  M  R  L  L  N  E  E  T  O  Y
L  A  A  G  Z  H  I  O  A  M  R  L  T  O
M  K  Z  M  I  O  K  T  G  S  U  I  O  G
U  S  Y  K  X  U  W  L  E  O  E  H  F  I
C  A  M  V  L  C  O  A  L  K  M  C  H  O
D  M  B  G  L  N  T  R  E  G  M  Y  I  M
N  O  Y  N  A  D  T  N  U  P  M  A  H  S
S  T  I  L  I  S  T  L  O  J  G  Q  I  X
R  W  T  Y  A  Z  C  U  R  L  A  R  M  B
```

CHARM	MASKARA
RANG	OYNA
KOSMETIKA	YOG'LAR
CURLAR	FOTOGENIK
NAFISLIK	MAHSULOTLAR
ELEGANT	QAYCHI
XAT	XIZMATLAR
ISTARA	SHAMPUN
LAB BO'YOG'I	TERI
PARDOZ	STILIST

36 - To Fill

```
K U V L L G Q J A R Y Z I N
C O G H J V A U N Z S J U Q
H A S M J I L K T M P H M H
A I S A K W I N R I P V Y L
M E C H A V Z A N Z C M Q L
A Y W S L W R Z T O R T M A
D R C I E X J A Q M T O Q S
O H B H H M Q V K K E R R G
N K T S C R H Y B Q K N A H
C I U J V S A V A T A M K K
T H B V G D U H I J P A H F
R S O J S U M K A J S L C U
Q A C T R E V N O K I Y O T
O Y A L A T R U B A K J B Z
```

SUMKA	KONVERT
BOCHKA	JILK
HAVZA	JAR
SAVAT	PAKET
SHISHA	CHO'TA
QUTI	CHAMADON
CHELAK	TALA
KARTON	TUB
YASHIK	TRUBA
TORTMA	VAZA

37 - Clothes

```
V Z N A Y O A P E J U U F S
Q V L J B T U E A T N G V V
O E A P E Z Y P W L E E R I
L S A N D A L L A R T K A T
Q Q K A M T D Q K S J O L E
O J A K E T O J F H J G A R
P R A Z U L B Y K A D O M K
L A P G Z I F I Z R A M A K
A L A V R ' O H S F O U J K
R M Y P S Q G R A L S N I J
B I L A G U Z U K Z T J P O
P H H A P R O N M A R J O N
C S S K O Y L A K B Q C I D
K I Y I N I S H I U M M V N
```

APRON	JINSLAR
KAMAR	MARJON
BLUZA	PIJAMALAR
BILAGUZUK	SHIMLAR
PALTO	SANDALLAR
KIYINISH	SHARF
MODA	KO'YLAK
QO'LQOPLAR	SHO'RVA
SHLYAPA	ETEK
JAKET	SVITER

38 - Ethics

```
N N G R S D U W X W M U P R
Z X I Y A I T M H F Z X A A
P C P R B P L F O W I T R T
U P X R R L H G G D M R O S
D K I L R O K M A H I A G I
R E D I Y M Z I U R T L A O
H E Q A F A S L A F P T N N
V U A W Y T V Z D Z O A O A
I C R L X I C H I D A M L L
Q C Z M I K B X I H J Y I L
O X B Y A Z G O F J S I Q I
R X I J X T M K V M A Q O K
H I K M A T L R A H M A T C
B A X T L I K I L L O L A H
```

ALTRUIZM	FALSAFA
RAHMAT	RATSIONALLIK
HAMKORLIK	REALIZM
VIQOR	OQILONA
DIPLOMATIK	HURMATLI
HALOLLIK	CHIDAM
BAXTLIK	QIYMATLAR
OPTIMIZM	HIKMAT
SABR	

39 - Insects

```
B A L X P S A W T A C T T P
U C U G P V P I W J H X Z S
R V H G X O H Y K D A A H R
G M J U I D I L I A B B O O
A O F B M Q D B X R I L R T
I T F Y E O D S L H N A N E
S H K D M L L D Z O Q U E R
Z U F A K T R I G I H C T M
Q Y V L N O M A N T I S R I
X O A A K A P A V R A L U T
J Z N I R A L A S A W V Q O
A C L G Q A D A C I C B Y V
F T J B I J K R I Y W L W C
B X U O Y Z L N U A Q A Y I
```

CHUMOLI	HORNET
APHID	LADYBUG
ASALARI	LARVA
QO'NG'IZ	CHIGIRTKA
KAPA	MANTIS
CICADA	CHABIN
SUVARAK	MOTH
AJDARHO	TERMIT
BURGA	WASP
O'TLOQ	QURT

40 - Astronomy

```
D I U G M M P Q U Y O S H R
K H R U K I L G N E T L V A
K D B L Y A A V G A G M U D
T J H J H L N R E Y V O G I
V U T I W U E O S M O N A A
A I T Q Y B T E X S C O K T
N S M I M E T T Z D Y R I S
O O T S L N Q E O A A T T I
R M I E M I C M D Q T S K Y
T S V I R U S K I I E A A A
S O D A F O O H A G K A L R
A K M W C O I Y K L A N A W
L I J L S B U D A O R R G D
S U P E R N O V A Y M Q F Y
```

ASTEROID
ASTRONAVT
ASTRONOM
KOSMOS
YER
TUTILISH
TENGLIK
GALAKTIKA
METEOR
OY

NEBULA
RASADXONA
PLANET
RADIATSIYA
RAKETA
OSMON
QUYOSH
SUPERNOVA
ZODIAK

41 - Health and Wellness #2

```
S A N A T O M I Y A A Q K S
Q T O U A Y I G R E N E H O
A K R B Y D Y D I E T V H G
Y A G E İ Ş T A H A X S L
T S I E S V I T A M I N I O
A A G Y K S J P N J Z O N M
T L I W E A N O X L A S A K
I L E V F M L T Z U P W L Q
K I N R N K L O I P E I Z H
L K A U I Q U I R L A N I E
A Y I G R E L L A I B N S A
S Q G E N E T I K A Y Z V Y
H L O M A S S A J N B A U Z
H S I N A L Q I Z O H V S A
```

ALLERGIYA
ANATOMIYA
İŞTAHA
QON
KALORIYA
SUVSIZLANISH
DIET
KASALLIK
ENERGIYA
GENETIKA

SOG'LOM
KASALXONA
GIGIENA
INFEKSIYA
MASSAJ
OZIQLANISH
QAYTA TIKLASH
STRESS
VITAMIN
VAZN

42 - Time

```
H  A  J  A  T  R  E  X  G  K  O  L  K  T
D  O  S  T  A  O  S  I  I  M  L  I  Y  A
A  F  Z  K  D  Q  N  T  U  N  D  Y  R  Q
Q  J  M  I  A  G  A  G  Q  E  I  N  Q  V
I  B  K  L  R  B  U  G  U  N  N  O  K  I
Q  Y  E  L  O  B  C  I  F  I  F  H  U  M
A  Y  L  I  Z  E  A  Y  P  H  R  J  N  F
H  S  A  Y  E  G  A  N  J  S  J  C  E  N
C  R  J  A  T  F  A  H  F  E  Q  I  Y  S
E  A  A  A  C  A  P  L  R  P  O  K  R  Y
K  O  K  X  V  E  V  J  W  A  S  R  F  M
D  B  Y  D  J  P  J  N  R  A  J  W  K  G
W  Q  W  L  I  G  F  Z  E  I  S  Y  C  Z
J  F  B  M  A  Q  B  C  W  M  Y  P  Y  T
```

YILLIK	OY
OLDIN	TONG
TAQVIM	TUN
ASR	PESHIN
SOAT	HOZIR
KUN	TEZ ORADA
O'N YIL	BUGUN
ERTA	HAFTA
KELAJAK	YIL
DAQIQA	KECHA

43 - Buildings

```
L V A G O I P K G W E T U L
H C N A J U H B A T K A M A
P Q O N C B L S N B P U O B
H L X O B Z A V O D I O P O
G N Q X I Z N H I Q L N G R
C H O D I R O U D G Y I A A
M V T A N O X L A S A K B T
U Z O S L M I G T B D Y Z O
Z J Y A H Z H B S L A V E R
E W B R F Q C Q A L A R Q I
Y U L O Q R L D L Y E T N Y
M U N I R A E I G K E A W A
M E H M O N X O N A K E P Q
K V A R T I R A A V Z T Z J
```

KVARTIRA	MEHMONXONA
BARN	LABORATORIYA
KABINA	MUZEY
QALA	RASADXONA
KINO	MAKTAB
ELCHIXONA	STADION
ZAVOD	CHODIR
KASALXONA	TEATR
YOTOQXONA	MUNIRA

44 - Philanthropy

```
H  V  K  I  N  S  O  N  I  Y  A  T  W  B
A  A  Z  E  N  J  A  M  I  Y  A  T  I  O
L  Z  X  L  R  A  L  O  M  M  A  U  M  L
O  I  R  A  L  A  Q  O  L  A  V  K  R  A
L  F  P  B  Y  O  K  O  I  U  Q  A  M  L
L  A  Z  O  T  R  T  A  R  I  X  H  T  A
I  A  F  L  C  J  I  T  K  G  L  K  C  R
K  D  I  G  U  S  O  Y  L  O  H  E  D  E
K  B  D  A  R  A  L  D  A  S  Q  A  M  C
S  A  X  I  Y  L  I  K  A  Y  I  L  O  M
H  G  U  R  U  H  L  A  R  M  G  C  N  B
M  A  B  L  A  G  L  A  R  L  L  D  T  R
J  A  M  O  A  T  I  N  R  F  G  A  V  U
D  A  S  T  U  R  L  A  R  Y  W  Y  R  U
```

MUAMMOLAR	GURUHLAR
XAYRIYA	TARIX
BOLALAR	HALOLLIK
JAMIYAT	INSONIYAT
ALOQALAR	VAZIFA
MOLIYA	KERAK
MABLAG'LAR	ODAMLAR
SAXIYLIK	DASTURLAR
GLOBAL	JAMOAT
MAQSADLAR	

45 - Gardening

```
S B L C C R C V O B N B L T
K H A G O Q M K D O K D D Z
O E L R A L R U T G T I N Y
M V H A G G Y X Q R B G W Z
P X K B N L W X M O X R X F
O Y I I K G A K I N A T O B
S V R H F E B R L P T C T G
T G U L J H K A Q S U V L U
U R U G L A R Z I J R P K L
N A M L I K P Q O R P U T L
G U L D A S T A M T X K K A
M A V S U M I Y M M I C E S
Y E Y I L A D I G A N K C H
I D I S H H W A G L K F M Q
```

GULLASH	BARGLAR
BOTANIKA	SHLANG
GULDASTA	BARG
IQLIM	NAMLIK
KOMPOST	BOG'
IDISH	MAVSUMIY
KIR	URUG'LAR
YEYILADIGAN	TUPROQ
EKZOTIK	TURLAR
GUL	SUV

46 - Herbalism

```
S  I  F  A  T  R  L  T  H  B  B  F  Q  O
I  Z  O  K  N  N  O  Z  I  R  A  R  Z  R
I  T  S  H  I  Q  A  Z  T  L  S  M  N  E
S  M  B  S  M  O  O  Y  M  X  I  L  O  G
J  G  G  U  M  H  K  U  E  A  L  U  G  A
G  A  K  R  Y  A  S  H  I  L  R  Q  A  N
A  K  I  T  A  M  O  R  A  Y  F  I  R  O
G  P  L  E  M  A  R  J  O  R  A  M  R  O
M  N  M  P  Q  T  R  L  B  J  C  E  A  D
A  K  I  L  A  V  A  N  D  A  I  K  T  U
O  U  S  G  C  V  J  Z  E  V  S  G  E  W
N  A  O  Y  S  I  X  F  Z  Q  Q  G  T  P
S  T  A  R  K  I  B  I  L  A  D  Y  O  F
Z  A  F  R  O  N  R  A  N  I  L  U  K  B
```

AROMATIK	LAVANDA
BASIL	MARJORAM
FOYDALI	MINT
KULINAR	OREGANO
ARIZON	PETRUSHKA
LAZZAT	O'SIMLIK
GUL	SIFAT
BOG'	ROZMARI
YASHIL	ZAFRON
TARKIBI	TARRAGON

47 - Vehicles

```
K D F A T P K T Y M O R A P
D L W Y A D A R M R O S C V
A X M O V R R A S V A T I S
V S W V C X V K Z T H F O C
T Q I Y A Q O T I S K A T R
O H I J T F N O I V U H O E
B M P L E G V R H S O M M T
U P E O K S H U T T L E A U
S Z T T A V T O M O B I L K
J M A D R O Y Z E T N L Y S
P H A G T O Y L O T R E V V
V E L O S I P E D S A V O L
O V D V I G A T E L T M X X
G S H I N A L A R G G P D X
```

SAVOL	MOTOR
TEZ YORDAM	RAFT
VELOSIPED	RAKETA
QAYIQ	SKUTER
AVTOBUS	SHUTTLE
AVTOMOBIL	METRO
KARVON	TAKSI
DVIGATEL	SHINALAR
PAROM	TRAKTOR
VERTOLYOT	

48 - Health and Wellness #1

```
D D M Y G J N Q N Y H F V G
M O S K E L F E R N I A I O
Z K R K E K F D R Z G O R R
Z L B I R E T P A V I L U M
R I I L X U Q Q L X L T S O
D N V H U O S C L Z D A B N
O I H C L A N D U G N D R L
R K M O D N T A K A A O S A
I A D A V O L A S H L Q I R
S H I F O K O R U X A I N O
X Y B X J H Y M M C B M I Z
N C X Z F R A L K A Y U S H
T E R A P İ Y A J U P E H G
Y E N G I L L I K G M R H G
```

FAOL
SUYAKLAR
KLINIKA
SHIFOKOR
SINISH
ODAT
BALANDLIGI
GORMONLAR
OCHLIK
DORI

MUSKULLAR
NERVLAR
DORIXONA
REFLEKS
YENGILLIK
TERI
TERAPİYA
DAVOLASH
VIRUS

49 - Town

```
K C Q X N W J T Y Y D S M N
N U W G K E J I E F A K A A
A D T R J A I N Z A X Z K L
B O G U C N N Y U H T S T U
T ' R Y B O O F M A L R A X
V K W J Y X K A L N Z E B B
A O X A G N O S H O T T S O
A N B N A O D N E X R E F Z
K I N O L M B O A Y O I R O
I I I X E H O I G O P B S R
N N C I R E T D Z V O B K T
I H A R E M I A H V R T V I
L M D O Y J K T G O E P T W
K L Z D A W E S P N A E H S
```

AEROPORT   MEHMONXONA
NOVVOYXONA   KUTUBXONA
BANK   BOZOR
KITOB DO'KONI   MUZEY
KAFE   DORIXONA
KINO   MAKTAB
KLINIKA   STADION
FLORIST   DO'KON
GALEREYA   TEATR

50 - Antarctica

```
G I G C B Y K G R E C X V T
B T Z C X R A L K I L Z U M
R A L H S U Q R Q J W T L C
A T E G C P H S I H C O K C
L O I E G S S R M M B S U V
T S L B D N N R Q L O C O W
U H M Y T T M Q K I E R L S
L L I H A R O R A T T K O A
U O Y F C E T H S M S A W L
B Q M U Z R V O R O L L A R
A Y I F A R G O P O T T O X
Y S A Q L A S H C G H I F E
L T A D Q I Q O T C H I N J
G E O G R A F I Y A D A Q I
```

BAY	OROLLAR
QUSHLAR	KO'CHISH
BULUTLAR	YARIMOROL
SAQLASH	TADQIQOTCHI
QIT'A	TOSHLOQ
COVE	ILMIY
GEOGRAFIYA	HARORAT
MUZLIKLAR	TOPOGRAFIYA
MUZ	SUV

51 - Ballet

```
D M U D D A N I R E L A B V
B F L A S Y J M F V Y F L D
G M L R K P J E K O M X R J
K N T S E J L L O Y D R K T
Q L Q L T T G L Y D T A I O
X A B A U M U S I Q A L L Y
J I R R P S P R I B R L V I
E K Q S W W L Y D A O U I L
B N L T A R V U A S H K S A
S T K C S K R S B T A S N M
S O L O W Z L H R O M U E A
T E X N I K A A A R T M T L
O R K E S T R F R V I Z N L
R A Q Q O S A L A R R U I Y
```

QARSAKLAR
BADIIY
BALERINA
BASTOR
RAQQOSALAR
IFODALI
JEST
INTENSIVLIK
DARSLAR

MUSKULLAR
MUSIQA
ORKESTR
AMALIYOT
RITM
MAHORAT
SOLO
USLUB
TEXNIKA

52 - Fashion

```
A O F T Q H R T Q J H T H V
F Z D E O X G R U T G S V R
F X N D L R B J L J M I J D
O B A P I O J S A R A L D V
R U Q T T Y B T Y Y T A Q S
D T S K X D U N D Y O M A X
A I H I R B L A N I G I R O
B K L Y R E S G E V N N U K
L P A I N V U E R A Z I F M
E S R M I V C L T N B M M V
T E K T U R A E C O V H R C
T U G M A L A R A M A L I Y
Q I M M A T Q A L A D N J B
O L C H O V L A R Z J I E O
```

AFFORDABLE	O'LCHOVLAR
BUTIK	MINIMALIST
TUGMALAR	ZAMONAVIY
KIYIM	ODDIY
QULAY	ORIGINAL
ELEGANT	AMALIY
NAQSHLAR	USLUB
QIMMAT	TEKTURA
MATO	TREND
TO'R	

53 - Human Body

```
P V O Z E R T S S B I I Q Q
O E H K T N I H C P L B R O
I Y S D X F R R Q L M Q I N
X M O I D T S A D C I O P X
Y O B Q H B A L P E Y L G U
L N N O Y Z K K Y O A F A K
X T J M V E A A L B Y T E T
N L X R D F R Y N E E O A B
Q W U A B O U U G E Y P J O
D W B B A G Y S A Z Z I T T
Y U Z U A I R E T N Y Q Y S
D J A G R Z A E Q U L O Q Q
S N M L S U E Y W N C H I K
K A J I X M N I Y O B Z R I
```

TO'PIQ	BOSH
QON	YURAK
SUYAKLAR	JAG
MIYA	TIZZA
CHIN	OYOQ
QULOQ	OG'IZ
TIRSAK	BO'YIN
YUZ	BURUN
BARMOQ	YELKA
QO'L	TERI

54 - Musical Instruments

```
B O P E R K U S S I Y A V C
A S B T R O M B O N H V I D
R A N O M A R I M B A I O A
A K D E Y S F S V L Y O L F
B S O Y C J J U Z G D L O K
A O X T E U P W Z D M I N H
N F A R U L D M X O O N C L
Z O S P X P W F S E M I H C
R N P I A N I N O K G P E K
B M A N D O L I N A O O L E
J A G I T A R A P R A H N S
T E N R A L K S T N I O N G
S O O J R C I V S A B A S S
H T E D O P Y M H Y A N Y E
```

BANJO	MANDOLIN
BASS	MARIMBA
VIOLONCHEL	OBOY
CHIMES	PERKUSSIYA
KLARNET	PIANINO
BARABAN	SAKSOFON
NAY	DAF
GONG	TROMBON
GITARA	KARNAY
HARP	VIOLIN

55 - Fruit

```
V O F Q A V A U G S L W M N
H U V O O V O O O A J I E B
X R L A X B O T G P D V Q I
D Z Z N N E O K N L E R K E
S O L I G R U L A N A N A B
H C A L C R P P M D V I Y O
A X R A R I J N A A O R A R
F C K M N Q K L N K P A P I
T V Z B M O R K C O O T A K
O Z R X Z V Y N X N Q K P S
L U B J M U Z U L O Z E O Q
I G L S A N A N A M H N J S
G I R C Y B K B K I V I K U
D Z O L W L R J Z L D E K X
```

OLMA	KIVI
O'RIK	LIMON
AVOKADO	MANGO
BANAN	QOVUN
BERRI	NEKTARIN
GILOS	PAPAYA
KOKOS	SHAFTOLI
ANJIR	NOK
UZUM	ANANAS
GUAVA	MALINA

56 - Engineering

```
T  P  K  M  T  E  G  E  C  F  M  F  H  T
I  G  A  J  O  C  U  K  H  U  O  P  I  X
K  C  N  Q  A  T  W  I  U  K  D  Y  S  F
E  V  I  Q  Y  I  O  L  Q  H  I  I  O  H
D  P  H  S  I  L  I  R  U  Q  A  T  B  D
V  U  S  K  G  X  R  O  R  U  G  A  L  I
I  L  A  E  R  T  T  R  L  Y  R  R  A  Z
G  S  M  X  E  E  E  A  I  U  A  Q  S  E
A  I  K  K  N  O  M  Q  K  S  M  A  H  L
T  Y  B  U  E  E  A  R  V  M  M  T  E  A
E  A  J  H  C  B  I  A  J  X  A  I  I  E
L  Q  O  C  I  H  D  B  K  J  Y  S  G  W
T  U  T  A  Q  L  A  R  Y  V  P  H  B  F
B  U  R  C  H  A  K  P  O  L  C  H  O  V
```

BURCHAK
EKS
HISOBLASH
QURILISH
CHUQURLIK
DIAGRAMMA
DIAMETRI
DIZEL
TARQATISH
ENERGIYA

DVIGATEL
TUTAQLAR
SUYUQ
MASHINA
O'LCHOV
MOTOR
PULSIYA
BARQARORLIK
KUCH

57 - Government

```
K S I Y O S A T N U T Q D X
M R S U I P E Z D A O W E Z
W F U E H L P B Q Y N R M M
Z B A W J W L H D I D E O U
C H Z M A R K I J S F U K S
K R A B H A R T M T K T R T
I Q K I L O R A Q U F E A A
L C O K E G X T S T N N T Q
R M H N T U M A N I C G I I
O D U S U A K L T T T L Y L
G I M U H N V O C S I I A L
D A V L A T N D D N N K B I
O Q J M I L L A T O C Z R K
Y O Z O D L I K W K H Q R E
```

FUQAROLIK	RAHBAR
KONSTITUTSIYA	OZODLIK
DEMOKRATIYA	YODGORLIK
MUHOKAZA	MILLAT
TUMAN	MILLIY
TENGLIK	TINCH
MUSTAQILLIK	SIYOSAT
SUD	NUTQ
ADOLAT	DAVLAT
QONUN	RAMZ

58 - Art Supplies

```
F I K R L A R A L Q O Y O B
R N T C F E A K I L G A T G
I Q Y W F T W R R R R R S P
N K A F E D R A K A Z E Q A
L E R A V K A L A N U M Z S
I O F O K Y S M Q G W A D T
F K V T O I I A O L T K R E
S D G O M V K L G A J K K L
F U W G I S C A O R C Q D L
C B V L R I I Q Z S Q L H A
I E R O E H G Y Y E L I M R
V J A Y K I L R O K D O J I
P V R A L A K T O H C Z K F
D O G Q N P A O J A D V A L
```

AKRIL	FIKRLAR
CHO'TKALAR	SIYOH
KAMERA	NEFT
KAFEDRA	BO'YOQLAR
KO'MIR	QOG'OZ
LOY	PASTELLAR
RANGLAR	QALAMLAR
IJODKORLIK	JADVAL
TAGLIK	SUV
YELIM	AKVAREL

59 - Science Fiction

```
K K I I R P L A N E T P D T
I U L W M O N I K G I S I E
T B R O K F B C I H Z K S X
O Y I W N O Y O N S D I T N
B B S S O L R C T A C T O O
L J J X L U A I X L R S P L
A U S O O I J R A T A I I O
R Q G P V W A C Y R Y R Y G
O R A C L E T F O O I U A I
K S I Q O C O J L P P T K Y
J Y R B Y U M I I I O U M A
U J R N A M Z Y Y Y T F N F
U X A B X R G O V E U D X S
A S H A D D I Y Q K D M W Y
```

ATOM	FUTURISTIK
KITOBLAR	XAYOL
KINO	XAYOLIY
KLONLAR	SIRLI
UZOQ	ORACLE
DISTOPIYA	PLANET
PORTLASH	ROBOTLAR
ASHADDIY	TEXNOLOGIYA
OLOV	UTOPIYA

60 - Geometry

```
S  I  M  M  E  T  R  I  Y  A  D  T  V  Y
R  Q  O  L  N  A  Z  A  R  I  Y  A  R  U
H  E  G  R  I  C  H  I  Z  I  Q  A  A  Z
K  I  L  B  I  S  O  N  A  T  U  M  Q  A
P  N  S  D  P  W  G  S  M  X  U  A  A  S
Y  A  I  O  R  X  T  P  E  Y  N  L  M  S
F  I  R  X  B  B  A  D  R  G  T  G  Z  A
S  D  O  A  A  L  G  Z  L  Q  M  N  U  M
O  E  I  K  L  M  A  H  C  L  O  E  Y  A
I  M  E  X  T  L  O  S  J  R  O  T  N  I
D  O  I  R  A  U  E  J  H  A  F  Y  P  T
B  U  R  C  H  A  K  L  D  D  H  V  R  X
D  I  A  M  E  T  R  I  M  A  N  T  I  Q
B  A  L  A  N  D  L  I  G  I  T  I  E  C
```

BURCHAK	MASSA
HISOBLASH	MEDIAN
DOIRA	RAQAM
EGRI CHIZIQ	PARALLEL
DIAMETRI	MUTANOSIBLIK
O'LCHAM	SEGMENT
TENGLAMA	YUZA
BALANDLIGI	SIMMETRIYA
MANTIQ	NAZARIYA

61 - Creativity

```
R I F B I S A O B W T G I F
A L I A H E J K W M M S N R
V H K D C N I L A W J E T T
S O R I O S Y I I B A T E A
H M L I R A L U G Y U T N A
A K A Y I T G G Z Y L A S S
N D R S T S J E E Y R I S
L W O F X I R A S N Z O V U
I Z H F I Y O A S J A H L R
K U B U I A K Q S A C A I O
D R A M A T I K A M V M K T
H I S S I Y O T L A R V O R
H A Q I Q I Y L I K Z G U K
H A Y O T I Y L I K S Q P R
```

BADIIY	TAASSUROT
HAQIQIYLIK	ILHOM
RAVSHANLIK	INTENSIVLIK
DRAMATIK	SEZGI
HISSIYOTLAR	IXTIROCHI
IFODA	SENSATSIYA
TUYG'ULAR	MAHORAT
FIKRLAR	TABIIY
RASM	HAYOTIYLIK
TASAVVUR	

62 - Airplanes

```
D P M K H X N J L Y Z Y Y P
Y V K Q A K D O R O D O V A
E O I Z V T A R I X Z Q P R
K K L G O J W O H P L I P V
I A D O A P I H S U T L I A
P R N U V T X S I M N G L N
A E A U A C E I N R O I O L
J F L H T A H L O A L N T A
K S A C R F T I Q N A Y S R
B O B K Z Q I R C C B A S B
B M Z Z C E X U X O Q Z Z M
E T U N C X P Q L G S I D J
B A L A N D L I G I D D V I
S A R G U Z A S H T Y M Y I
```

SARGUZASHT
HAVO
BALANDLIK
ATMOSFERA
BALON
QURILISH
EKIPAJ
TUSH
DIZAYN
DVIGATEL

YOQILG'I
BALANDLIGI
TARIX
VODOROD
QO'NISH
YO'LOVCHI
PILOT
PARVANLAR
OSMON

63 - Force and Gravity

```
S  J  Q  K  I  M  A  N  I  D  N  M  U  I
P  A  B  I  A  M  I  S  O  B  I  E  N  S
W  T  A  L  J  S  A  Q  K  W  W  X  I  H
J  I  J  Z  V  K  H  S  G  B  K  A  V  Q
O  B  C  E  A  E  X  F  O  K  S  N  E  A
U  R  I  T  A  K  I  Z  I  F  E  I  R  L
X  O  S  S  A  L  A  R  I  Y  A  K  S  A
S  A  Y  Y  O  R  A  L  A  R  O  A  A  N
R  R  V  A  Z  N  U  R  I  S  A  T  L  I
G  F  U  A  W  D  C  T  Y  P  E  Q  W  S
P  I  O  M  M  Z  I  T  E  N  G  A  M  H
H  A  R  A  K  A  T  S  F  U  Q  V  M  A
M  A  R  K  A  Z  M  A  V  B  Y  L  T  W
K  E  N  G  A  Y  T  I  R  I  S  H  D  B
```

EKS	HARAKAT
MARKAZ	ORBITA
KASHFIYOT	FIZIKA
MASOFA	SAYYORALAR
DINAMIK	BOSIM
KENGAYTIRISH	XOSSALARI
ISHQALANISH	TEZLIK
TA'SIR	VAQT
MAGNETIZM	UNIVERSAL
MEXANIKA	VAZN

64 - Birds

```
C H U M C H U Q Z X W F W L
T M N B T S K D Y S W T W W
G U L L E T U G R U B O U I
U X E A K O K D N V W T T N
A U G U A R F R E E S I T S
J T L S N K W L Z D W Q U Q
N J I R A F D S A R A U K Q
P W R V R Q B P O M N S A R
M I T W Z U Q H H R I H N S
G G N T O V U S V R D N G L
J O O G Q O N T X S H A G W
B Z R E V T U Y A Q U S K O
M W E C J I P E L I K A N R
S D H U F D N C J U S M W K
```

KANAR	HERON
TOVUQ	TUYAQUS
KROW	TO'TIQUSH
KUKU	TOVUS
O'RDAK	PELIKAN
BURGUT	PINGVIN
TUXUM	CHUMCHUQ
FLAMINGO	STORK
G'OZ	SWAN
GULL	TUKAN

65 - Art

```
C K I M A R E K T S U C R M
C A H Z L N S O E K Z I A U
V Y A İ S S S H L E V Z S R
R F L L Q O M T A R A Y M A
A I O A D V S A K X M G L K
M Y L E R F A Y Y M S I A K
Z A O R I N R I A V P I R A
O T T R P G V R H S S L Y B
I D E U I L E E I F O D A V
M E D S N G V H S I T R K I
A Y A I F L I S Z Z C P U Z
M A K B Y J N N O K A W D U
T A R K I B I U A F B Y K A
J V T S F X T M B L F V G L
```

KERAMIK	RASMLAR
MURAKKAB	SHAXSIY
TARKIBI	SHE'RIYAT
YARATMOQ	HAYKAL
IFODA	ODDIY
RASM	MAVZU
HALOL	SURREALİZM
KAYFIYAT	RAMZ
ORIGINAL	VIZUAL

66 - Nutrition

```
F T K Y S V O R O I S L U H
E O J U K S X D P A O V A A
R K J C M H R R F S G Q C Z
M S T R Q U A C L N L K H M
E I E A U L L P E J O R C Q
N N N L J T T O A U M D H I
T E I D B T A N H E S F I L
A J M O B A D S S A L O Q I
T E A V L Z O Z Z I Z Z S S
S Q T E O Z V A N F A M H
I K I L T A M O L A S A L A
Y M V G N L İ Ş T A H A T I
A W X U O Q S İ L L A R H L
K A L O R İ Y A L A R P D O
```

İŞTAHA   ODATLAR
MULOHAZALI   SALOMATLIK
ACHCHIQ   SOG'LOM
KALORİYALAR   OQSILLAR
UGLEVODLAR   SIFAT
DIET   SOS
HAZM QILISH   TOKSIN
FERMENTATSIYA   VITAMIN
LAZZAT   VAZN

67 - Hiking

```
E I D U E A T I R A X Z H Q
K O H X B I O Q O O G F W O
T I M M A S S L C X G L E L
T Y L G N C H I B K U I J L
O R K R D B L M T I A A R A
G W B N A G A H C R A H C N
E Y I E I J R A L F V A X M
Y O N A L I S H T V U W W A
H A Y V O N L A R A S W M L
Q U Y O S H C K S V B S C A
P A R K L A R Z O C X I V R
F E K I L R A G R O Y Y A T
E T I K L A R L A G E R D T
Y O V V O Y I V O K F X X Y
```

HAYVONLAR
ETIKLAR
LAGER
JARLIK
IQLIM
QO'LLANMALAR
XAVFLAR
OG'IR
XARITA
TOG'

TABIAT
YO'NALISH
PARKLAR
TAYYORGARLIK
TOSHLAR
SAMMIT
QUYOSH
CHARCHAGAN
SUV
YOVVOYI

68 - Professions #1

```
S I A R I H S M A H D B J S
H A S O Q Q A R Z E E H G H
I K T O V C H I H O L E R F
F A R T E B A N K I R C D L
O R O I H C Z I G N E D H H
K T N K M M G E O L O G A I
O O O U U U R A N D M D Z
R G M V K E H R G N O C V A
E R E C V W G A A V I V O R
B A X H G V S V R B I A K G
M F H I H Q W U W R B X A A
U K P S I X O L O G I I T R
L Q M U S I Q A C H I R Y D
P O F I I H C O N I N A I P
```

ELCHI
ASTRONOM
ADVOKAT
BANKIR
KARTOGRAF
MURABBIY
RAQQOSA
SHIFOKOR
MUHARRIRI
GEOLOG

OVCHI
ZARGAR
MUSIQACHI
HAMSHIRA
PIANINOCHI
PLUMBER
PSIXOLOG
DENGIZCHI
TIKUVCHI

69 - Barbecues

```
T I S V R H B O U K O T T U
A D S O S Z O Y Y O H Q O X
Q O S S X T L P L I O Y V X
V S A F I A A I F F N Z U T
O T L E J Q L C B J M L Q I
I L A H C V A H X M S L A W
L A T T A O R O C O D I V R
A R L X C I O Q I M S R E A
M F A B F K D L X C C G M L
Z U R H U H I A E Z E R Z H
N D S A Y C M R C C D Q V O
Q S Z I H E O O C H L I K Y
W D F E Q K P P N S J F J I
U N P S M A X G A P S B U S
```

TOVUQ
BOLALAR
KECHKI OVQAT
OILA
OVQAT
SIYOHLAR
DO'STLAR
MEVA
O'YINLAR
GRILL

ISSIQ
OCHLIK
PICHOQLAR
MUSIQA
SALATLAR
TUZ
SOS
YOZ
POMIDOR

70 - Chocolate

```
A  M  S  K  A  L  O  R  İ  Y  A  L  A  R
M  R  B  O  B  H  I  B  I  K  R  A  T  E
O  I  T  K  O  K  O  S  Q  O  G  N  O  Y
R  Y  U  I  S  H  A  K  A  R  L  T  W  S
A  U  P  A  S  L  J  D  H  I  L  I  F  I
A  G  S  P  O  A  N  G  F  C  K  O  G  F
K  C  F  C  W  D  N  A  Q  U  K  K  T  A
I  A  H  X  F  Z  O  A  C  T  X  S  V  T
T  G  R  C  K  H  E  H  L  D  O  I  U  P
O  O  E  A  H  K  A  K  A  O  T  D  E  E
Z  A  I  L  M  I  V  E  S  T  A  A  Q  S
K  Z  O  I  D  E  Q  L  J  X  M  N  Z  T
E  J  N  B  C  I  L  A  Z  A  M  T  Q  E
S  H  I  R  I  N  H  L  A  Z  Z  A  T  R
```

ANTIOKSIDANT	EKZOTIK
AROMA	SEVIMLI
ARTISANAL	LAZZAT
ACHCHIQ	TARKIBI
KAKAO	YONG'OQ
KALORİYALAR	SIFAT
QAND	RETSEPT
KARAMEL	SHAKAR
KOKOS	SHIRIN
MAZALI	TA'M

71 - Vegetables

```
U G S G N Q O V O Q M V G G
P E A U G K O H S I T R A U
P G L F K E P Z B N V Y B L
G J A S A B Z I I Y U O H K
Z B T P S B W T I Q B M Z A
A R P G Z H M O G L O H S R
N O E N O J A L Q A B R H A
J K T I Y R D L E S B W I M
A K R R I H Q O L A M S I N
B O U D P P E A U O K H Y D
I L S O T R B G F Q T A L D
L I H B G U X B Z A Y T U N
W M K R X S R O D I M O P V
F C A U F Q N P N H Z O V A
```

ARTISHOK	PIYOZ
BROKKOLI	PETRUSHKA
SABZI	PEA
GULKARAM	QOVOQ
SELDR	TURP
BODRING	SALAT
BAQLAJON	SHALLOT
ZANJABIL	ISMALOQ
QO'ZIQORIN	POMIDOR
ZAYTUN	SHOLG'OM

72 - The Media

```
A N L H T W R H S A N R R Z
A O W G X A E A P P Y A J A
K L W U Q V K U L R K D F P
F H O X D K L R H M E I I C
Q G J Q N Y A L N O S O K T
Y U R V A H M O V Y C A R A
Y X Y I L L A H A M Y R R L
L A U T K E L L E T N I A I
M F J E V C A L J A S L L M
I R E Q O M R A T R A M T L
G A Z E T A L A R O N A K K
J A M O A T Z D D J O Q A E
M U N O S A B A T I A A F Y
J U R N A L L A R T T R U D
```

REKLAMALAR	INTELLEKTUAL
MUNOSABAT	MAHALLIY
TIJORAT	JURNALLAR
ALOQA	TARMOQ
RAQAMLI	GAZETALAR
NASHR	ONLAYN
TA'LIM	FIKR
FAKTLAR	JAMOAT
RASMLAR	RADIO
SANOAT	

73 - Boats

```
B K Y U O T T A Y T A I F L
L U A R R Y I Y E S J P K D
A H O Y X V D Q J A P I K E
N Q I Y A Q E K R M D O U N
G D D Z Z K K O L C M O D G
A T E D A R Q O N A E K O I
R Q N M D D V I G A T E L Z
C O G G U A K P U Y L H S C
H G I L Z W R Y O M B C F H
F Q Z C M G S Y M K J X W I
C L T E S T A C O A R A F T
U X T S A W H H R N N H K K
F I I G C E E D A O I K S V
I R Z R A B I S P E L H Z V
```

LANGAR	MAST
BUOY	OKEAN
KANOE	RAFT
EKIPAJ	DARYO
DUK	ARQON
DVIGATEL	SHLYUPKA
PAROM	DENGIZCHI
KAYAK	DENGIZ
KO'L	TIDE
QAYIQ	YAT

74 - Activities and Leisure

```
P O Y L A R S K T B S B B X
K F J B Z G G L P A E A E A
I J M T D C N E Z S R L Y R
L N S A G Y O P D K F I S I
I O A H S I Z U S E I Q B D
H Z R O O F L O G T N O O Q
C J Y Y T N U Z K B G V L I
R A G A L E G T L O I L O L
O B J S V F N I B L C A B I
D O G J V U U N S O V S Y S
G K J D C R M C I H L H E H
O S K H D K T C J S X C L T
B C L P I K C B D A H G O H
S A N A T U W V L F D F V X
```

SAN'AT

BEYSBOL

BASKETBOL

BOKS

LAGAR

SHO'NG'ISH

BALIQ OVLASH

BOG'DORCHILIK

GOLF

POYLAR

RASM

POYGA

XARID QILISH

FUTBOL

SERFING

SUZISH

TENNIS

SAYOHAT

VOLEYBOL

75 - Driving

```
N K T H Q M D E Y E G I K M
Q L E A T O A Y I R A V A O
V I Z Y Z T P M X X Z L O T
T T L D X O Y K P W N R L O
R S I O Q T U Z G V T C W R
A E K V Y S A I A F I K S G
F N I C K I L Z I S F V A X
I Z J H A K G A R A J L U Y
K I Z I W L I B O M O T V A
A Y I S T I L I M S Q C N T
R A L Z O M R O T X A V F I
Y U K M A S H I N A S I Y R
Y O Q I L G I P I Y O D A A
T U N N E L N Q F O A B Q X
```

AVARIYA
TORMOZLAR
AVTOMOBIL
XAVF
HAYDOVCHI
YOQILG'I
GARAJ
GAZ
LITSENZIYA
XARITA

MOTOR
MOTOTSIKL
PIYODA
MILITSIYA
YO'L
XAVFSIZLIK
TEZLIK
TRAFIK
YUK MASHINASI
TUNNEL

76 - Professions #2

```
I X T I R O C H I L T J A L
B S S X E M X H M C T U G K
R T V A N O R T S A T R O X
T A B I B S B W G H B N B H
H S J F H S Q A S F V A M E
L G R O T A R T S U Y L L I
F E R M E R A P I S Z I D H
B B T I L I C H D A O S E C
K I O D G U Z O N L O T T V
J E O G I N K R A Y L O E U
R W P L B L W R H A O L K T
D E W Y O O Y A U F G I T I
T N X W V G N J M D N P İ Q
T I S H D O K T O R I H V O
```

ASTRONAVT	JURNALIST
BIOLOG	TILICH
TISH DOKTORI	RASSOM
DETEKTİV	FAYLASUF
MUHANDIS	TABIB
FERMER	PILOT
BOG'BON	JARROH
ILLYUSTRATOR	O'QITUVCHI
IXTIROCHI	ZOOLOG

77 - Mythology

```
O X S C T T P W Q C V M Y S
U L U K H S A R D K K A A M
K Q M D N A N U M A N D R Y
N S I A O N Q L U X O A A I
M O L R S L F M S O M N T W
U Q O C S L A X O T S I I A
H A Y O T H I R S Q O Y S F
J A N G C H I K A F M A H S
L A B İ R I N T Q A O T F O
E T I Q O D L A R L N I D N
K J J M E J V T X O S U Z A
Q A H R A M O N Z K T D F E
X Q U P I U X N Q A E T F J
J M L W R H X P S T R J O V
```

NAMUNA
XULQ
E'TIQODLAR
YARATISH
HAYOT
MADANIYAT
XUDOLAR
FALOKAT
OSMON
QAHRAMON

O'LMASLIK
RASHK
LABİRINT
AFSONA
CHAQMOQ
MONSTER
O'LIM
QASOS
JANGCHI

78 - Hair Types

```
J  F  L  M  G  X  K  U  P  H  M  B  S  Q
Y  U  F  O  G  S  Q  U  R  U  Q  M  O  R
E  I  Z  N  B  Q  A  Y  L  R  O  H  G  A
F  D  X  U  M  I  L  U  Y  R  R  M  L  N
X  S  M  G  N  S  I  P  G  A  A  G  O  G
J  Q  T  A  K  Q  N  Q  P  L  L  N  M  L
K  I  Z  K  A  A  W  A  E  T  R  A  G  I
S  R  N  A  G  R  '  O  Y  N  U  R  A  L
J  A  I  G  J  O  A  R  U  I  C  R  Z  N
Q  S  Q  N  A  Q  O  W  M  B  Q  A  X  I
L  S  R  Q  M  L  S  F  S  A  D  G  F  Q
U  A  O  T  X  B  A  G  H  Z  V  I  A  L
R  Y  Y  L  F  T  C  K  O  I  N  J  C  O
U  N  J  P  S  B  R  I  Q  O  S  H  Q  T
```

TAK	KULRANG
QORA	SOG'LOM
SARIQ	UZUN
O'RGAN	YORQIN
BINTLAR	QISQA
JIGARRANG	YUMSHOQ
RANGLI	QALIN
CURLAR	YUPQA
JINGALAK	TO'LQINLI
QURUQ	OQ

79 - Garden

```
O X K O M A H B B W I S I W
D L V R R E L Y F V N B T J
F R N I L O P M A R T U H I
D T U N M W H O V U Z S Z F
A J D D G N A L H S E H K C
R V R I Q A S A R R E T O E
A I A Q K A R U K L E B O G
X N L Y R T P A Q L U T T L
T V A O V D R C J E R G U O
J H Y A C O G D S Q T I P A
D G O Y X F N U N C H G R M
Y Z Q R O D O R E L X L O K
B E G O N A O T L A R U Q S
X A S K A S H B S Z G F K V
```

O'RINDIQ   AYVON
BUSH   XASKASH
DORQ   QOYALAR
GUL   BELKURAK
GARAJ   TUPROQ
BOG'   TERRASA
O'T   TRAMPOLIN
HAMOK   DARAXT
SHLANG   VIN
HOVUZ   BEGONA O'TLAR

80 - Diplomacy

```
H X V T U G M U H O K A Z A
U E X L D U D P K G G Q R W
K U V R N M I H C E Y P S T
U T L O R A J O M A N N H R
M T Z R W N O K C S U D F G
A Y O A K I T A M O L P I D
T J G Q Y T A S O Y I S A E
E L C H I A Y B K U K N D T
L O L M E R I L A Q U O O I
H P K C T K M X K X I X L K
F K I L O R A Q U F T D A A
H X B T D C J E W Z Q L T A
H A M K O R L I K I Z I I L
V N Q T E L C H I X O N A K
```

ELCHI
FUQAROLIK
JAMIYAT
MOJARO
HAMKORLIK
DIPLOMATIK
MUHOKAZA
ELCHIXONA

ETIKA
HUKUMAT
GUMANITAR
BAXTLIK
ADOLAT
SIYOSAT
QAROR
YECHIM

81 - Countries #1

```
K N P V J H S X W M I S R M
S R A E A U G A R A K I N A
A I N N D R X U C H X D U R
Y S A E F G H L O S D A Q O
I E M S B R A Z I L I Y A K
D N A U T G F B T O R O Y K
N E J E J Q H Q J P R Q I O
A G M L A Y I V T A L S V T
L A I A Y I N I M U R B I A
N L A Y I G E V R O N Y L P
I R O Q L G E R M A N I Y A
F N G Z A D A N A K R U J H
Q U G W T P V Y E T N A M P
M Q W X I I S P A N I Y A A
```

BRAZILIYA
KANADA
MISR
FINLANDIYA
GERMANIYA
IROQ
ISROIL
ITALIYA
LATVIYA
LIVIYA

MAROKKO
NIKARAGUA
NORVEGIYA
PANAMA
POLSHA
RUMINIYA
SENEGAL
ISPANIYA
VENESUELA
VYETNAM

82 - Adjectives #1

```
S M U T L A Q Y U P Q A B Q
H M T Y K A U F V T O S A I
U R H I X A Z R G E T R D M
H Z V A K I T O Z K E U I M
R S E K I N R T G D R H I A
A K T K S Z K N M L I Y Y T
T H O R X U A H V T I M Z L
P A A Y K R Y M Z W S U Y I
A L I L A B I Z O J X H B X
R O X Y W B D G Y N N I E F
A L R I L A D Y O F A M C L
S B A X T L I C H X I V A G
T F W A G D J A Y D A N I S
A O S S A R O M A T I K G Y
```

MUTLAQ	OG'IR
SHUHRATPARAST	FOYDALI
AROMATIK	HALOL
BADIIY	AYDAN
JOZIBALI	MUHIM
GO'ZAL	ZAMONAVIY
TO'Q	JIDDIY
EKZOTIK	SEKIN
SAXIY	YUPQA
BAXTLI	QIMMATLI

83 - Landscapes

```
I D P U C G Y Y F M S Y N D
T W R B H E D A E U B Z G P
D U M Y U H A R U Z O G T U
T V N I L O S I U L L I H K
L Z Q D X C W M S I S A O Q
X Z X O R B U O C K Y X J O
D F T V D A D R O Y R A D K
P L Y A J E I O R H E Y B E
L S M Q R P N L J C Z S Y A
F H U A K O L G T X Y B Q N
V U L Q O N P Z I O E E H N
O V N B O T Q O Q Z G R Q F
D K I O M X Y O R O L G P M
G O R S H A R S H A R A X P
```

PLYAJ	OASIS
G'OR	OKEAN
CHUL	YARIMOROL
GEYZER	DARYO
MUZLIK	DENGIZ
HILL	BOTQOQ
AYSBERG	TUNDRA
OROL	VODIY
KO'L	VULQON
TOG'	SHARSHARA

84 - Plants

```
R A L B D F F Y V I R R E B
A K O D A X U I Z L U G T L
L I V J R L L P Y D O E T O
G N I B A M T T D I Z K I U
R A Y H X B O X Q Z S T O P
A T A G T N W S N W W A V W
B O G F B W J S S O T N T V
V B R L L H W U O H E O T V
W S A L G O M T O I Z F W Z
U E B S L B R K Y R H C I N
K G L K U B M A B W M Y W E
I N U Y G U W K K Z M O B G
V W G G Z S U U N O P D N I
K O G I T H O S I M L A R Z
```

BAMBUK

LOVIYA

BERRI

BOTANIKA

BUSH

KAKTUS

O'G'IT

FLORA

GUL

BARGLAR

O'RMON

BOG'

O'T

IVY

MOSS

GULBARG

ILDIZ

NEGIZ

DARAXT

O'SIMLAR

85 - Boxing

```
J Q B F E M C H I N W W A E
A Q A Y T A T I K L A S H L
R A O H S K Q T A R O H A M
O L R V I A B I Q A R E J F
H U A Q F H F R B A L L A O
A E L D O U H S I P E T N K
T W P C H N T A B C M Z G U
L K O B C J L K Y C A C C S
A W Q E U I S A N A T N H L
R D L E K R R S R P A X I Q
K W O Q K E C O Z M P A S A
H G Q B U O Q H B E L L U X
C H A R A Y D I A M T E A I
K P E M F G V L N K R A T H
```

BELL
TANASI
CHIN
BURCHAK
TIRSAK
CHARAYDI
JANGCHI
FIST
FOKUS
QO'LQOPLAR

JAROHATLAR
TEPISH
RAQIB
BALL
TEZ
QAYTA TIKLASH
HAKAM
ARQONLAR
MAHORAT
KUCH

86 - Countries #2

```
M Y A M A Y K A E G V B X M
P Y Y G A I T I F V O H M O
R V I L A M O S I N H S A M
P M S U R X A K O S E B A L
A E S Y G M Y T P U L P I K
L K O H M A I U I R G L A O
A S R V W T N D Y I F I Y L
O I L W I Z A D A Y J B I U
S K J Z X P D O A A C E S K
N A T S I K O P S U L R T R
X F A L B A N I Y A I I E A
N I G E R I Y A S P V Y R I
Y A P O N I Y A K C A A G N
S U D A N V U W G O N D J A
```

ALBANIYA	MEKSIKA
DANIYA	NEPAL
EFIOPIYA	NIGERIYA
GRETSIYA	POKISTAN
GAITI	ROSSIYA
YAMAYKA	SOMALI
YAPONIYA	SUDAN
LAOS	SURIYA
LIVAN	UGANDA
LIBERIYA	UKRAINA

87 - Ecology

```
T U R L A R K E Z Y X O Q M
J A M O A L A R R J J M U A
U D N D E N G I Z R X O R N
I F X U L K S S X E H N G B
S X I L A G F U I T A Q O A
X Q Z L Z F B B L A B O Q L
G T O G L A R A M B I L C A
O L W K M Q F R A I T I H R
N S O F G S L Q X A A S I N
Y I I B A T O A I T T H L X
U J N M A D R R L E H Z I B
R V P P L L A O L M T V K X
Z P X Y C A H R I M A R S H
I Q L I M M R I K I Q H H P
```

IQLIM	MARSH
JAMOALAR	TOG'LAR
XILMA-XILLIK	TABIIY
QURG'OQCHILIK	TABIAT
FAUNA	MANBALAR
FLORA	TURLAR
GLOBAL	OMON QOLISH
HABITAT	BARQAROR
DENGIZ	O'SIMLAR

88 - Adjectives #2

```
M A X R O R Y I I B A T O K
J K I R T S I A A F V C Y M
O P R N I A D T N A G E L E
C E M J T M O G D G R S U S
H K U A M A J C M B I O S C
S Q H R D R I D H I L G A S
I S S I Q A D V N T G L M H
K L Y T D L F L Q Z O O N A
Y S Z Y V I P V N U S M Q Q
U P V U K U C H L I R I D I
E K Z N T B K W X N X U T Q
Q I Z I Q M A S H H U R Q I
T A S V I R L O V C H I L Y
C H Y O V V O Y I F A H O Z
```

HAQIQIY	QIZIQ
IJODIY	TABIIY
TASVIRLOVCHI	YANGI
QURUQ	SAMARALI
ELEGANT	MAXROR
MASHHUR	MAS'UL
SOG'LI	TUZLI
SOG'LOM	UYKISH
ISSIQ	KUCHLI
OCH	YOVVOYI

89 - Psychology

```
T Z F E V U H S A R H C U S
E B Z W K O R A J O M X S E
R A C Z N G M N Q W Q H X N
A H K I U E T U S I K G P S
P O I D R O K F A I Q M D A
İ L T O A F I P I M L A T T
Y A A N L Z L J N K M N T S
A S S G A V A K U Z R O I I
A H I S B G L L L E L L E Y
G S R I I C O I X D V O A A
C I L Z R P B N U C H I N R
B L A N J S N I L S H A X S
V I R Z A J U K Q C Q Q M L
Q B M H T O R Z U L A R W M
```

UCHRASHUV
BAHOLASH
XULQ
BOLALIK
KLINIK
BILISH
MOJARO
ORZULAR
EGO
TAJRIBALAR

TA'SIRLAR
IDROK
SHAXS
MUAMMO
HAQIQAT
SENSATSIYA
TERAPİYA
FIKRLAR
ONGSIZ

90 - Math

```
U P S E K Z D H A H E G O R
C E A K A C M I M S O A V T
H R R S Y L X O A M G Y O L
B I I P I X L R L M F I Z U
U M F O R T E A G B E R D I
R E M N T A L L N U Y T Z Q
C T E E R L M E R F E R V
H R T N M D A A T C J M S I
A I I T O A R Q J H M M A R
K R K K E V A A B A O I K S
R D A V G K P R O K R S W U
M Z C A Y L A N A L F A G J
R A D I U S N O T A T L D P
Y F R A K S I Y A R B S G N
```

BURCHAKLAR	GEOMETRIYA
ARIFMETIKA	RAQAMLAR
AYLANA	PARALLEL
KASR	PERIMETRI
DARAJALAR	RADIUS
DIAMETRI	KVADRAT
TENGLAMA	SIMMETRIYA
EKSPONENT	UCHBURCHAK
FRAKSIYA	OVOZ

91 - Water

```
K Y P D X S O X J F O K B T
M E F X P W Q J X W K A Z O
S S B W F R I D R I E N Q L
Y O M G I R M R M M A A O Q
S R W Z P H L H L L N L R I
J C J W V H H S U D H A X N
P M X D N C S I O Y R A D L
N A M L I K I R M V J N D A
O L D S S G N O F S U M Q R
G E Y Z E R A G B U G Q U W
X S I K V J L U N O R O B Z
B J A Z W Y G S L A J L T T
H F H L B M U S O N M R M X
X U F N I X B N K W O V U L
```

KANAL

NAM

BUG'LANISH

SEL

SOVUQ

GEYZER

BO'RON

MUZ

SUG'ORISH

KO'L

NAMLIK

MUSON

OKEAN

YOMG'IR

DARYO

DUSH

QOR

BUG'

OQIM

TO'LQINLAR

92 - Activities

```
S  M  A  H  O  R  A  T  D  R  L  B  Q  B
A  O  V  C  H  I  L  I  K  A  P  A  T  O
N  K  L  K  K  P  T  L  F  L  M  L  I  G
A  A  K  I  M  A  R  E  K  T  F  I  K  D
T  H  N  L  C  B  D  K  R  A  O  Q  I  O
E  E  S  L  F  T  D  J  H  A  T  O  S  R
T  A  Y  I  L  O  A  F  L  F  O  V  H  C
W  A  K  G  F  I  S  T  L  N  G  L  P  H
O  Y  I  N  L  A  R  S  Q  A  R  A  O  I
L  Z  Q  E  F  S  A  N  T  M  A  S  Y  L
C  A  A  Y  C  E  E  B  I  O  F  H  L  I
I  G  G  V  O  H  S  I  Q  O  I  J  A  K
B  B  R  A  Q  R  Y  X  B  Z  Y  A  R  X
Z  W  K  B  R  Z  O  P  B  R  A  U  O  D
```

FAOLIYAT	MANFAATLAR
SAN'AT	DAM
LAGAR	SEHR
KERAMIKA	FOTOGRAFIYA
RAQS	ZAVQ
BALIQ OVLASH	O'QISH
O'YINLAR	YENGILLIK
BOG'DORCHILIK	TIKISH
POYLAR	MAHORAT
OVCHILIK	

93 - Business

```
I A P K G W K X S Y V V T P
U Q J V C G A A A L A R O F
P D T Q M E M R R W L I V V
S U A I R F E A M X Y S A I
W P L R S B R J O Z U H R Z
M N G I O O A A Y A T B K R
I D O R A M D T A V A E O A
D O K O N B A I Z O H R M H
O O V M R Y H D Y D S U P B
X F V P E U K K S O I V A A
Q P X X H D A C K K T C N R
K U K K P J T X A C O H I R
A M R I G E H C U H S I Y E
F U D K W T M O L I Y A A K
```

BYUDJET
KAMERA
KOMPANIYA
XARAJAT
VALYUTA
CHEGIRMA
IQTISODIYOT
XODIM
ISH BERUVCHI
ZAVOD

MOLIYA
DAROMAD
SARMOYA
RAHBAR
TOVAR
PUL
IDORA
SOTISH
DO'KON

94 - The Company

```
Z P M P U Y O M U G V Y Y O
M R R V S D B K I L D N A B
S A R O K M R T M O A R R V
I L H A F B O H N B M T K H
F A I S I E N Y T A O N A S
A B J E U M S X R L R W Y Y
T N O N T L K S R E A H O E
V A D Z O O O O I E D A M F
V M I I M S T T N O X L R I
H S Y B I H J B R I N H A L
T R E N D L A R O E Y A S A
F C Y L Q R W G R V P A L U
G X J R A L F V A X A M T R
Z T B G T O Y I Q Q A R A T
```

BIZNES
IJODIY
QAROR
BANDLIK
GLOBAL
SANOAT
SARMOYA
IMKONIYAT
TAQDIMOT

MAHSULOT
PROFESSIONAL
TARAQQIYOT
SIFAT
OBRON
MANBALAR
DAROMAD
XAVFLAR
TRENDLAR

95 - Literature

```
J J P P L V Q U C K I B X T
Z N I D I H C A Y O K I H A
X K B T U A T K I X Z O A H
A Y I S N A F T Y Z K G N L
S D I A L O G P M T I R E I
O H S A L S O Q Q A T A K L
L F E V R U K L B Y E F D S
U O B R O Z E I L I O I O A
X J I R M V V F X F P Y T B
O I L Y A A Y I G O L A N A
S A R S N M D S K Q H P C M
U S L U B Q Y V Z E R S N K
N B V F I L L A U M H P U I
C Y A R O F A T E M R B H M
```

ANALOGIYA
TAHLIL
ANEKDOT
MUALLIF
BIOGRAFIYA
TAQQOSLASH
XULOSA
TAVSIF
DIALOG
FANSIYA

METAFORA
HIKOYACHI
ROMAN
SHE'R
POETIK
QOFIYA
RITM
USLUB
MAVZU
FOJIA

96 - Geography

```
S H A H A R A H S M I R A Y
T S Y T K A A A H O Q O H S
Z N F B I P D T S R D T U H
U Q F S L Q U L O R O A D I
Y W P Q D U N A H X S V U M
G X F E N D Y S K Z T K D O
V O K E A N O V D W X E P L
T Y T K L L A Z X U I Z T J
X R J Y A E K I L G N E K A
A A U M B R A G D P T J N N
R D N D N E S N J I L M K U
I Z M U P X S E O J R W D B
T Q S W G F H D O V F E A I
A M A M L A K A T Z O F M Y
```

BALANDLIK
ATLAS
SHAHAR
QIT'A
MAMLAKAT
EKVATOR
YARIMSHAR
OROL
KENGLIK
XARITA

MERIDIAN
TOG'
SHIMOL
OKEAN
DARYO
DENGIZ
JANUBIY
HUDUD
G'ARB
DUNYO

97 - Jazz

```
O Y B Q J O O B W O Y T J O
O A R A L I L M I V E S M X
I N T R E S N O K D N T F G
B G I S M I J Z R O T S A B
I I Y A A S A A I K S E N R
K H Z K S T O K N K E R F U
R Q M L H E U Z C R W S B F
A I G A H D R R B P A L T J
T H T R U O G M U S I Q A R
E S E M R D U Z L M A W Y N
M O R A S S O M S E L Y N P
N Q B T O F J Z U N B O D F
B A R A B A N L A R O F W D
T E X N I K A H W W M J O I
```

ALBOM	JANR
QARSAKLAR	MUSIQA
RASSOM	YANGI
BASTOR	ESKI
TARKIBI	ORKESTR
KONSERT	RITM
BARABANLAR	QO'SHIQ
URG'U	USLUB
MASHHUR	ISTE'DOD
SEVIMLILAR	TEXNIKA

98 - Nature

```
F Y X B G M K M V S S O I T
T U M A N N I J N F G B C D
H A Y V O N L A R A L G O T
M U Y Z T F L A A T A C M D
G S L I E B A S L I R H A I
O R M O N F Z A T N K U S N
T O Z A E D O L U C T L K A
H Y T C O D G A L H I M A M
E R O Z I Y A R U O K U N I
F A V I T A L I B N A Z F K
H D E F O H V L G J A L V D
Q B R A L G R A B J F I M I
O N N K I P O R T Q M K Y I
Y O V V O Y I T A B C C A U
```

HAYVONLAR	O'RMON
ARKTIKA	MUZLIK
GO'ZALLIK	TOG'LAR
ASALARILAR	TINCH
BULUTLAR	DARYO
CHUL	MASKAN
DINAMIK	TOZA
EROZIYA	TROPIK
TUMAN	VITAL
BARGLAR	YOVVOYI

99 - Vacation #2

```
T E V C Z G P F I R K C T A
O O K J H S I H S A T H J X
G O Y T R O P S A P D R O X
L O R O P F D F T Z P A C M
A D E N G I Z I I E Y L M M
R A G Y D T M W R L A G E R
J S F X N T A S A Y O H A T
Y Q M S J D R K X C Q J O X
O A H H A I Y G S P A G P O
O M R Q Y X A T F I X C A R
C J Z O L O B G V I Z A V I
A E R O P O R T P O E Z D J
C H E T E L L I K P S K G I
E M E H M O N X O N A G I Y
```

AEROPORT	DAM
PLYAJ	XARITA
LAGER	TOG'LAR
MAQSAD	PASPORT
XORIJIY	DENGIZ
CHET ELLIK	TAKSI
BAYRAM	CHODIR
MEHMONXONA	POEZD
OROL	TASHISH
SAYOHAT	VIZA

100 - Electricity

```
U E Y D H W L R Q H M J H N
S L L R J C M J G M I L O A
K E C Y H N X E Z A Q Z C R
U K Z V A O Y J W N D X G S
N T Q E K A C L S F O V D A
A R T C H I R O Q I R O Z L
L I A T C H O Z L Y I H M A
A K R E O A T I N G A M I R
R S M L P Y A S O K E T J T
W I O E M B R L A Z E R O K
S M Q F A L E B A K F U B E
N L T O L E N A D O E X I L
M A J N A Y E R A T A B Y E
S R I I Z A G S A Q L A S H
```

BATAREYA
LAMPOCHKA
KABEL
ELEKTR
ELEKTRIK
USKUNALAR
GENERATOR
CHIROQ
LAZER
MAGNIT

MANFIY
TARMOQ
NARSALAR
IJOBIY
MIQDORI
SOKET
SAQLASH
TELEFON
SIMLAR

1 - Antiques

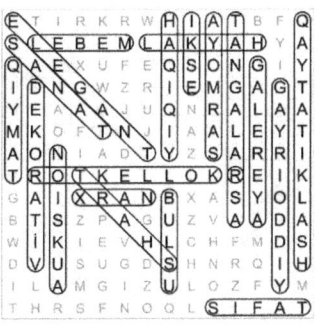

2 - Food #1

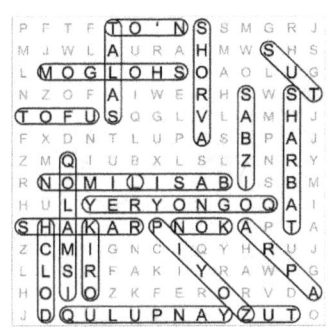

3 - Measurements

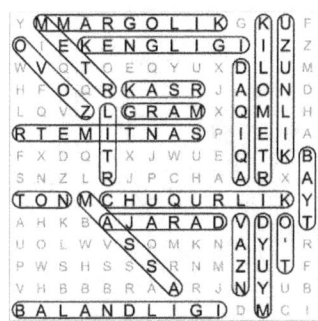

4 - Farm #2

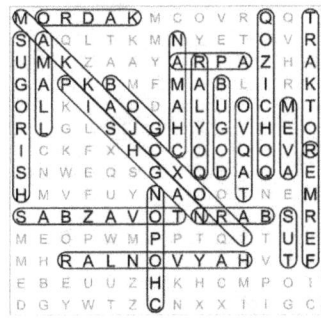

5 - Books

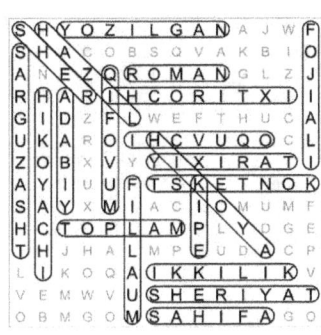

6 - Meditation

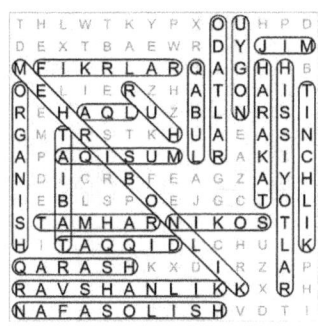

7 - Days and Months

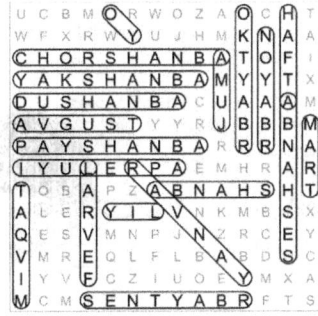

8 - Energy

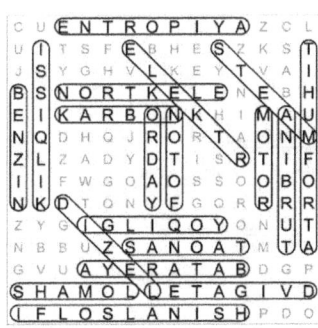

9 - Chess

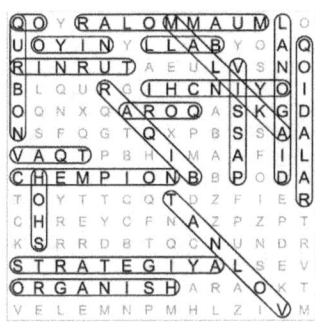

10 - Archeology

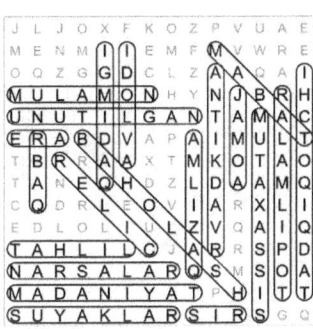

11 - Food #2

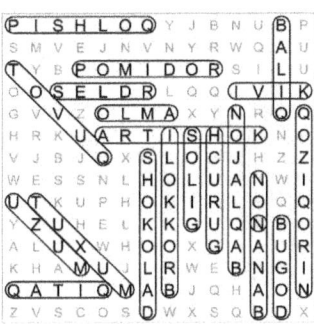

12 - Chemistry

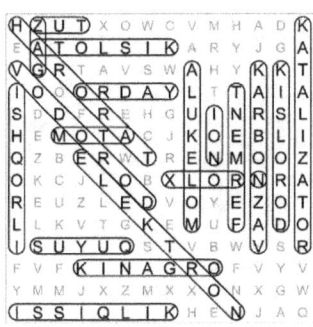

13 - Music

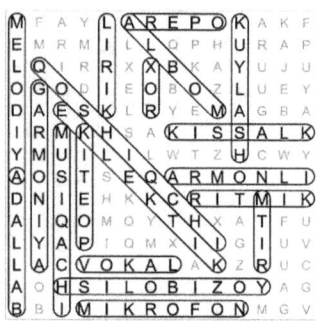

14 - Family

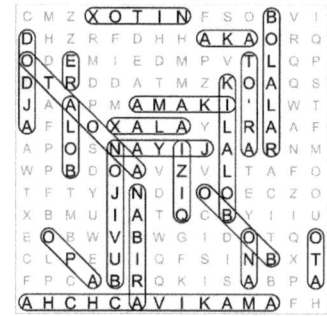

15 - Farm #1

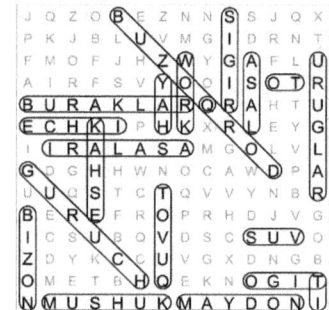

16 - Camping

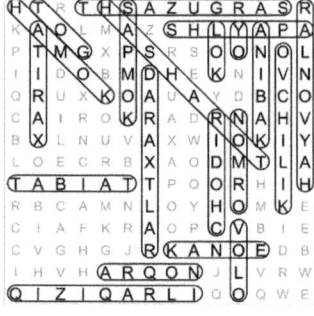

17 - Algebra

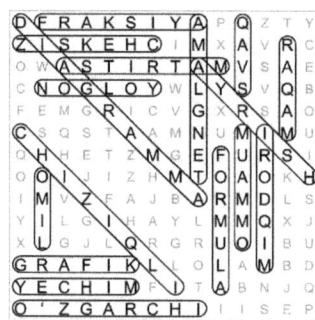

18 - Numbers

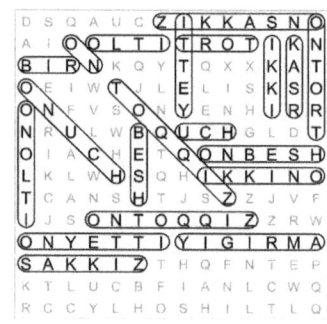

19 - Spices

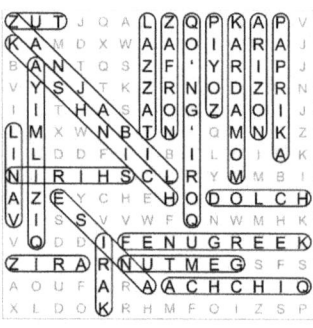

20 - Universe

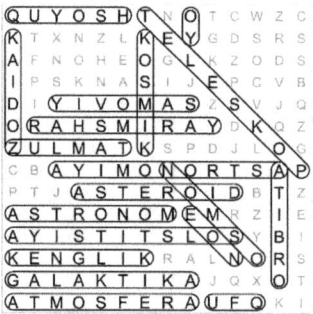

21 - Mammals

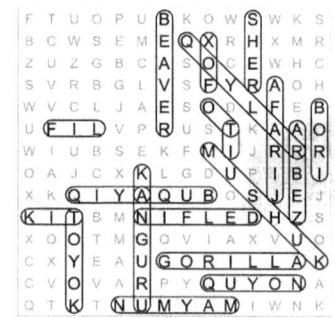

22 - Bees

23 - Weather

24 - Adventure

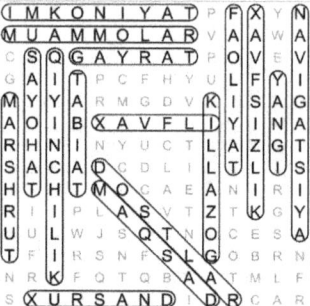

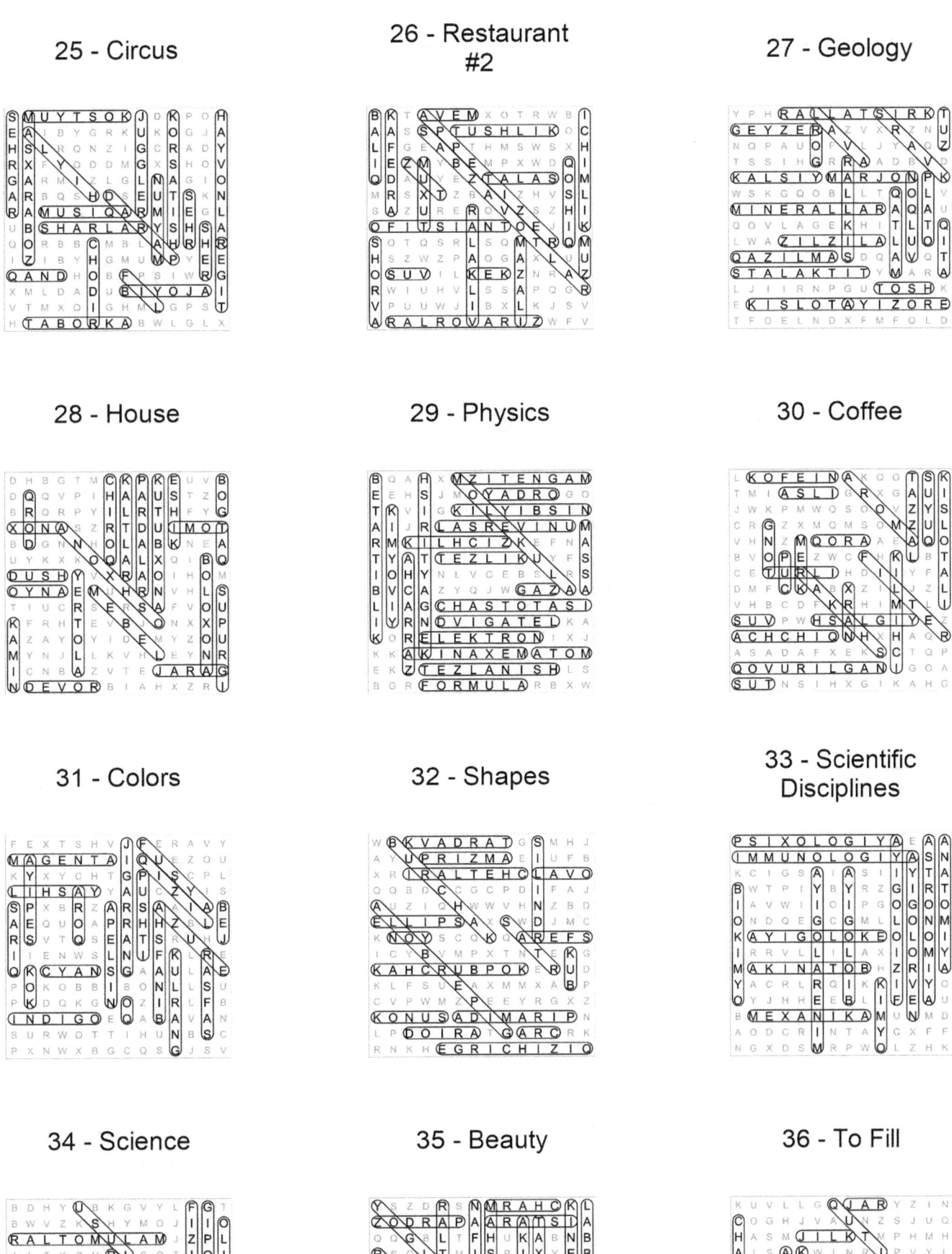

25 - Circus

26 - Restaurant #2

27 - Geology

28 - House

29 - Physics

30 - Coffee

31 - Colors

32 - Shapes

33 - Scientific Disciplines

34 - Science

35 - Beauty

36 - To Fill

37 - Clothes

38 - Ethics

39 - Insects

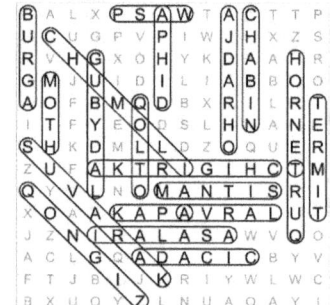

40 - Astronomy

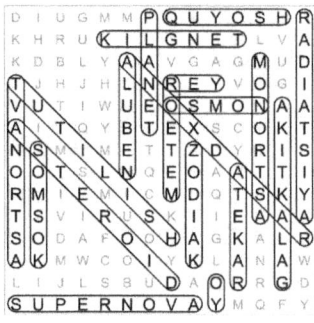

41 - Health and Wellness #2

42 - Time

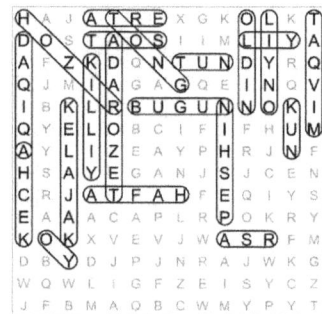

43 - Buildings

44 - Philanthropy

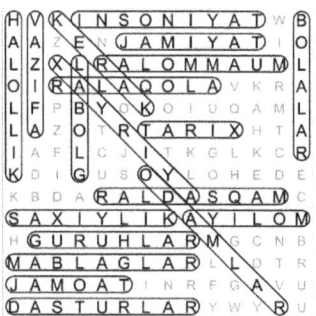

45 - Gardening

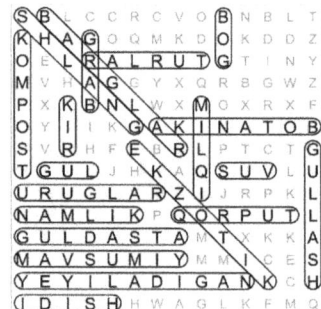

46 - Herbalism

47 - Vehicles

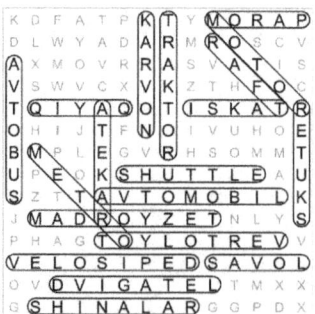

48 - Health and Wellness #1

49 - Town

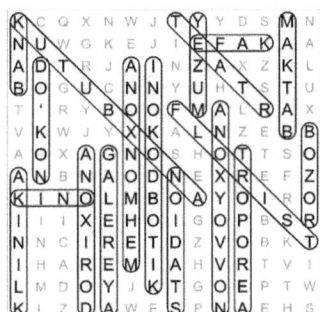

50 - Antarctica

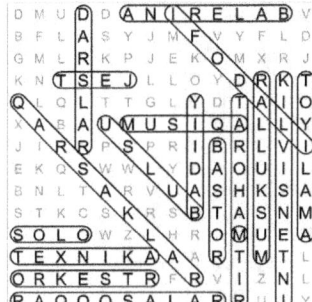

51 - Ballet

52 - Fashion

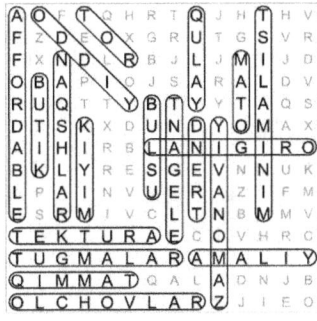

53 - Human Body

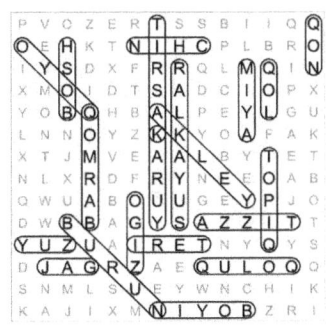

54 - Musical Instruments

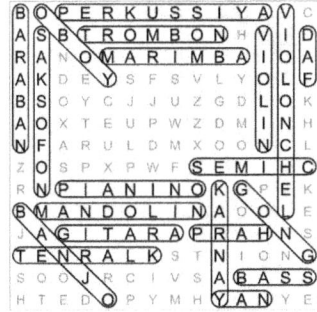

55 - Fruit

56 - Engineering

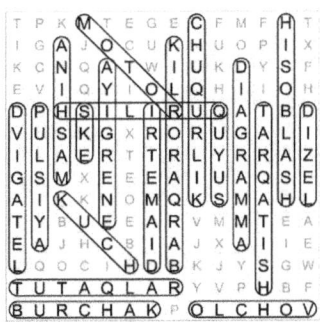

57 - Government

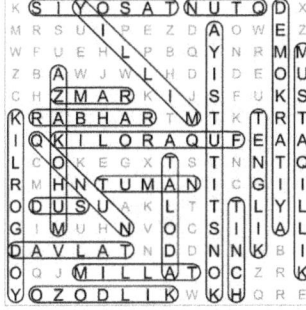

58 - Art Supplies

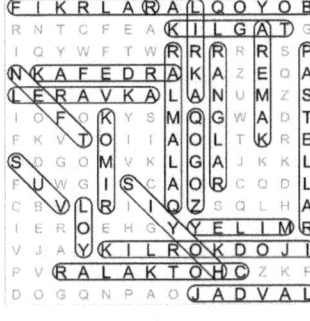

59 - Science Fiction

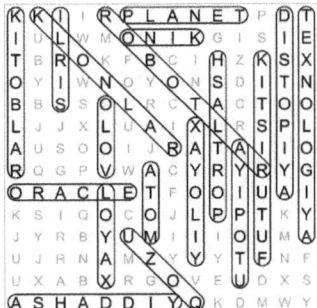

60 - Geometry

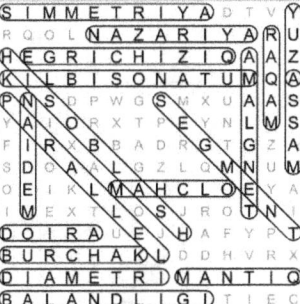

61 - Creativity

62 - Airplanes

63 - Force and Gravity

64 - Birds

65 - Art

66 - Nutrition

67 - Hiking

68 - Professions #1

69 - Barbecues

70 - Chocolate

71 - Vegetables

72 - The Media

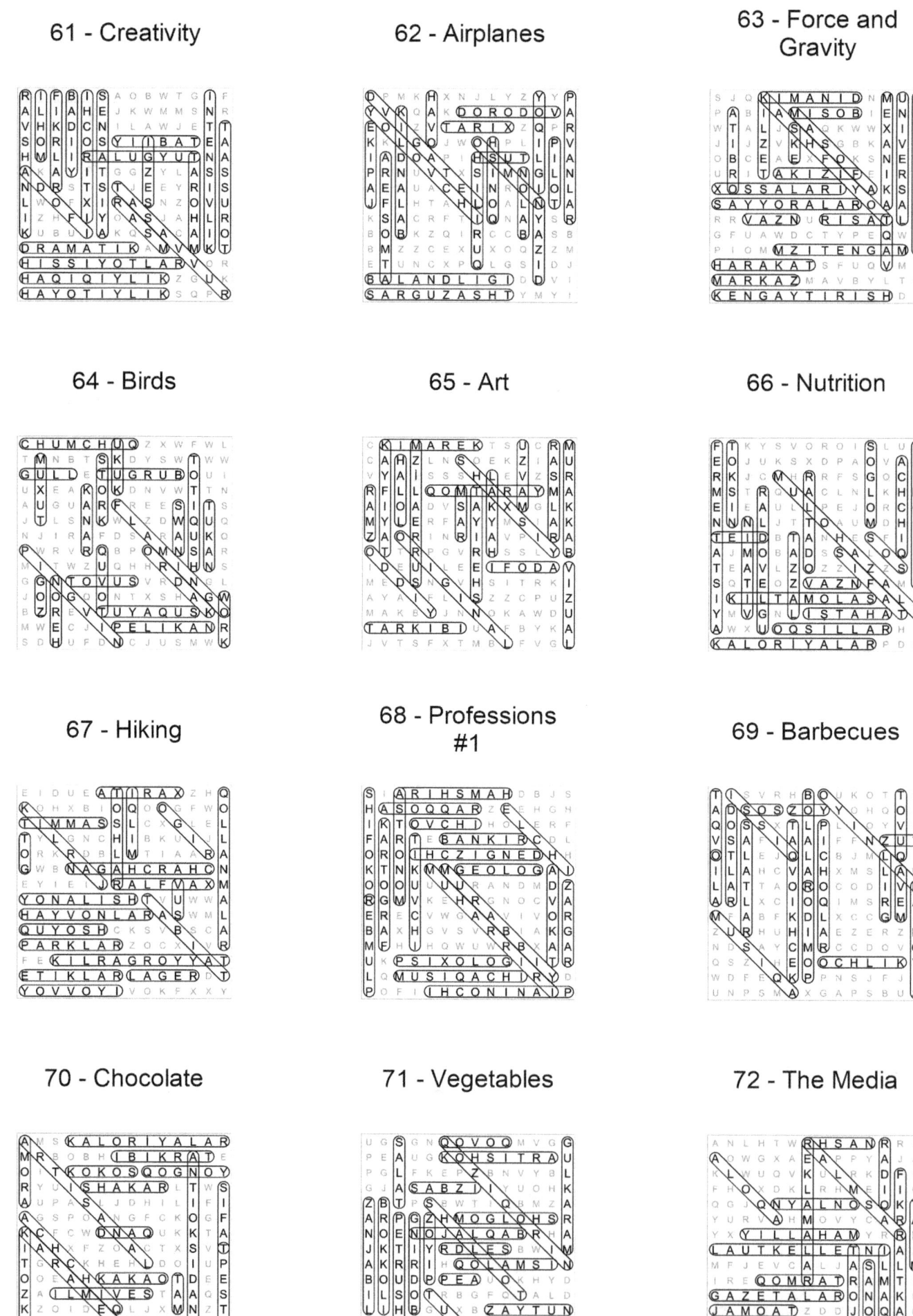

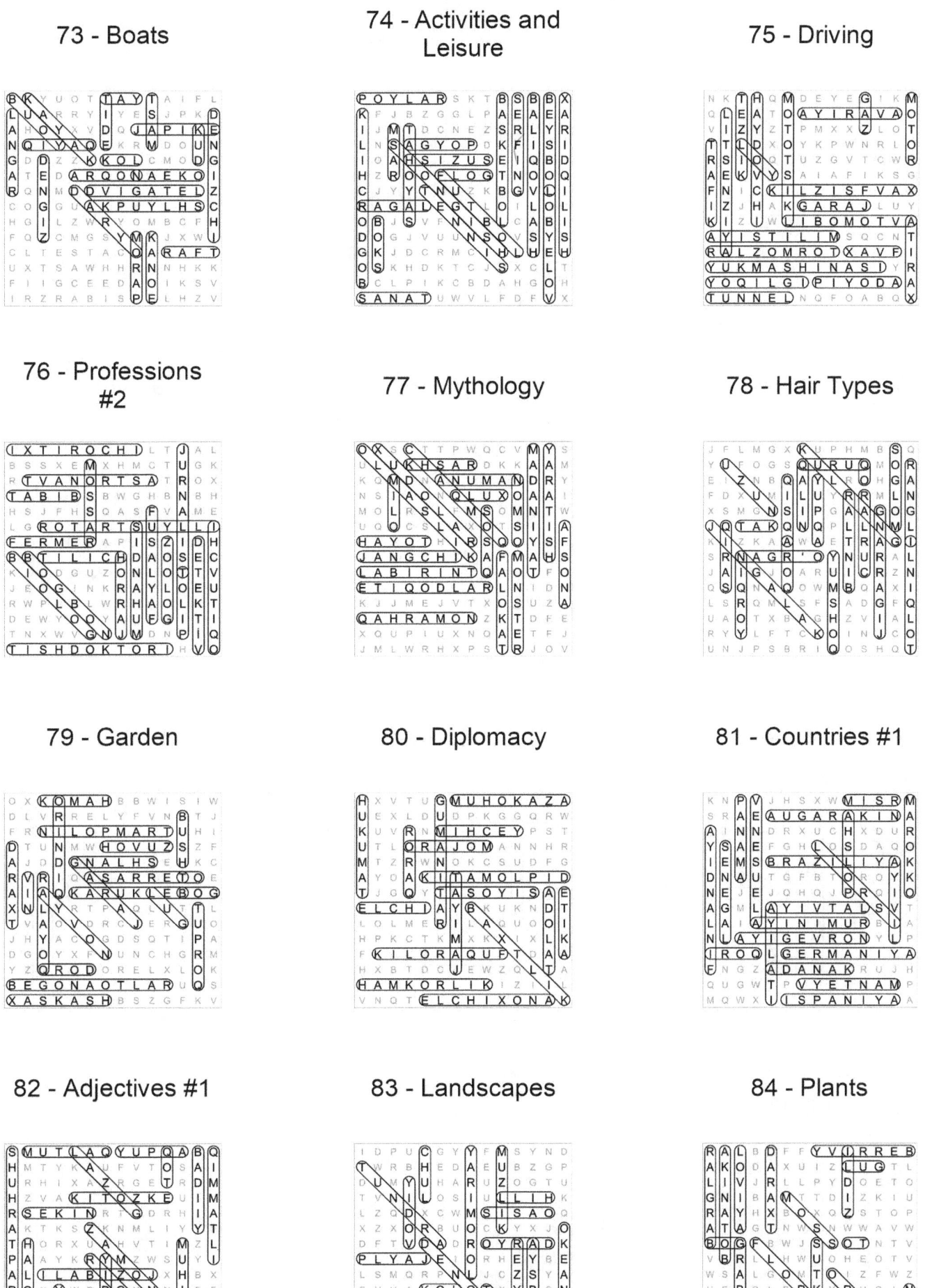

73 - Boats

74 - Activities and Leisure

75 - Driving

76 - Professions #2

77 - Mythology

78 - Hair Types

79 - Garden

80 - Diplomacy

81 - Countries #1

82 - Adjectives #1

83 - Landscapes

84 - Plants

85 - Boxing

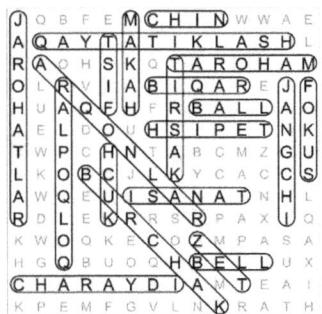

86 - Countries #2

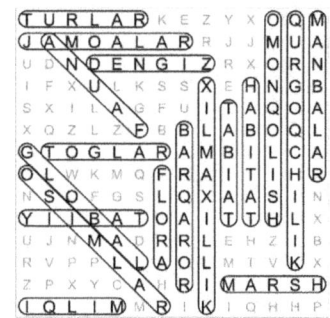

87 - Ecology

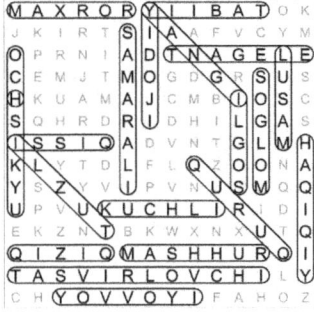

88 - Adjectives #2

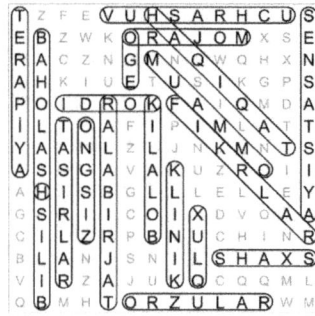

89 - Psychology

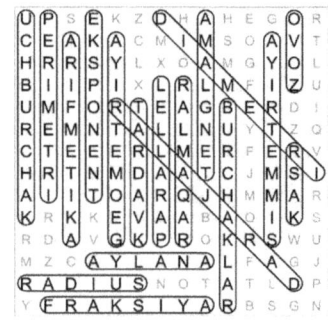

90 - Math

91 - Water

92 - Activities

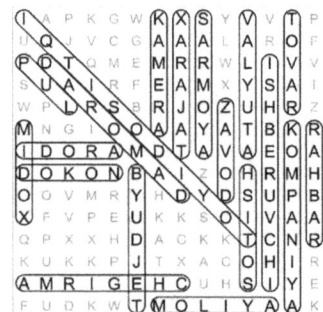

93 - Business

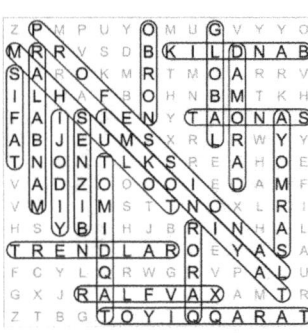

94 - The Company

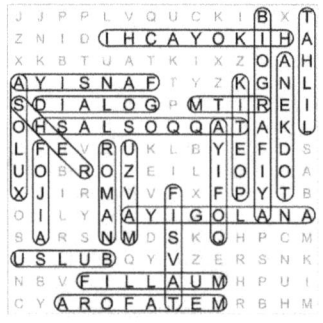

95 - Literature

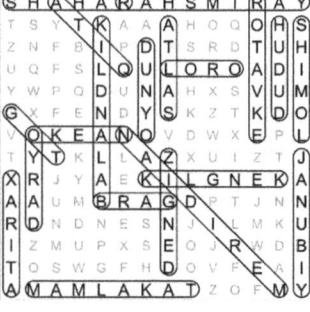

96 - Geography

97 - Jazz

98 - Nature

99 - Vacation #2

100 - Electricity

Dictionary

Activities
Faoliyatlar

Activity	Faoliyat
Art	San'At
Camping	Lagar
Ceramics	Keramika
Dancing	Raqs
Fishing	Baliq Ovlash
Games	O'Yinlar
Gardening	Bog'Dorchilik
Hiking	Poylar
Hunting	Ovchilik
Interests	Manfaatlar
Knitting	Trikotaj
Leisure	Dam
Magic	Sehr
Photography	Fotografiya
Pleasure	Zavq
Reading	O'Qish
Relaxation	Yengillik
Sewing	Tikish
Skill	Mahorat

Activities and Leisure
Faoliyat va Bo'sh Vaqt

Art	San'At
Baseball	Beysbol
Basketball	Basketbol
Boxing	Boks
Camping	Lagar
Diving	Sho'Ng'Ish
Fishing	Baliq Ovlash
Gardening	Bog'Dorchilik
Golf	Golf
Hiking	Poylar
Painting	Rasm
Racing	Poyga
Shopping	Xarid Qilish
Soccer	Futbol
Surfing	Serfing
Swimming	Suzish
Tennis	Tennis
Travel	Sayohat
Volleyball	Voleybol

Adjectives #1
Sifaliotlar #1

Absolute	Mutlaq
Ambitious	Shuhratparast
Aromatic	Aromatik
Artistic	Badiiy
Attractive	Jozibali
Beautiful	Go'Zal
Dark	To'Q
Exotic	Ekzotik
Generous	Saxiy
Happy	Baxtli
Heavy	Og'Ir
Helpful	Foydali
Honest	Halol
Identical	Aydan
Important	Muhim
Modern	Zamonaviy
Serious	Jiddiy
Slow	Sekin
Thin	Yupqa
Valuable	Qimmatli

Adjectives #2
Sifaliotlar #2

Authentic	Haqiqiy
Creative	Ijodiy
Descriptive	Tasvirlovchi
Dry	Quruq
Elegant	Elegant
Famous	Mashhur
Gifted	Sog'Li
Healthy	Sog'Lom
Hot	Issiq
Hungry	Och
Interesting	Qiziq
Natural	Tabiiy
New	Yangi
Productive	Samarali
Proud	Maxror
Responsible	Mas'Ul
Salty	Tuzli
Sleepy	Uykish
Strong	Kuchli
Wild	Yovvoyi

Adventure
Sarguzasht

Activity	Faoliyat
Beauty	Go'Zallik
Challenges	Muammolar
Chance	Imkoniyat
Dangerous	Xavfli
Destination	Maqsad
Difficulty	Qiyinchilik
Enthusiasm	G'Ayrat
Excursion	Ekskursiya
Friends	Do'Stlar
Itinerary	Marshrut
Joy	Xursand
Nature	Tabiat
Navigation	Navigatsiya
New	Yangi
Preparation	Tayyorgarlik
Safety	Xavfsizlik
Travels	Sayohat
Unusual	G'Ayrioddiy

Airplanes
Samolyotlar

Adventure	Sarguzasht
Air	Havo
Altitude	Balandlik
Atmosphere	Atmosfera
Balloon	Balon
Construction	Qurilish
Crew	Ekipaj
Descent	Tush
Design	Dizayn
Engine	Dvigatel
Fuel	Yoqilg'I
Height	Balandligi
History	Tarix
Hydrogen	Vodorod
Landing	Qo'Nish
Passenger	Yo'Lovchi
Pilot	Pilot
Propellers	Parvanlar
Sky	Osmon
Turbulence	Turbulentlik

Algebra
Algebrani

Diagram	Diagramma
Equation	Tenglama
Exponent	Eksponent
Factor	Omil
False	Yolg'On
Formula	Formula
Fraction	Fraksiya
Graph	Grafik
Infinite	Cheksiz
Linear	Chiziqli
Matrix	Matritsa
Number	Raqam
Parenthesis	Qavs
Problem	Muammo
Quantity	Miqdori
Solution	Yechim
Subtraction	Ayrish
Variable	O'zgarchi
Zero	Nol

Antarctica
Antarktida

Bay	Bay
Birds	Qushlar
Clouds	Bulutlar
Conservation	Saqlash
Continent	Qit'A
Cove	Cove
Environment	Atrof-Muhit
Expedition	Ekspeditsiya
Geography	Geografiya
Glaciers	Muzliklar
Ice	Muz
Islands	Orollar
Migration	Ko'Chish
Peninsula	Yarimorol
Researcher	Tadqiqotchi
Rocky	Toshloq
Scientific	Ilmiy
Temperature	Harorat
Topography	Topografiya
Water	Suv

Antiques
Antiqa Buyumlar

Art	San'At
Auction	Auksion
Authentic	Haqiqiy
Century	Asr
Coins	Tangalar
Collector	Kollektor
Condition	Shart
Decorative	Dekorativ
Elegant	Elegant
Furniture	Mebel
Gallery	Galereya
Investment	Sarmoya
Old	Eski
Price	Narx
Quality	Sifat
Restoration	Qayta Tiklash
Sculpture	Haykal
Style	Uslub
Unusual	G'Ayrioddiy
Value	Qiymat

Archeology
Arxeologiya

Analysis	Tahlil
Ancient	Qadimgi
Antiquity	Antik Davr
Bones	Suyaklar
Civilization	Madaniyat
Descendant	Avlodi
Era	Era
Evaluation	Baholash
Expert	Mutaxassis
Findings	Topilmalar
Forgotten	Unutilgan
Fossil	Qazilma
Mystery	Sir
Objects	Narsalar
Relic	Relic
Researcher	Tadqiqotchi
Team	Jamoa
Temple	Ma'Bat
Tomb	Qabr
Unknown	Noma'Lum

Art
San'At

Ceramic	Keramik
Complex	Murakkab
Composition	Tarkibi
Create	Yaratmoq
Expression	Ifoda
Figure	Rasm
Honest	Halol
Mood	Kayfiyat
Original	Original
Paintings	Rasmlar
Personal	Shaxsiy
Poetry	She'Riyat
Portray	Tasvirlamoq
Sculpture	Haykal
Simple	Oddiy
Subject	Mavzu
Surrealism	Surrealizm
Symbol	Ramz
Visual	Vizual

Art Supplies
Badiiy Buyumlar

Acrylic	Akril
Brushes	Cho'Tkalar
Camera	Kamera
Chair	Kafedra
Charcoal	Ko'Mir
Clay	Loy
Colors	Ranglar
Creativity	Ijodkorlik
Easel	Taglik
Glue	Yelim
Ideas	Fikrlar
Ink	Siyoh
Oil	Neft
Paints	Bo'Yoqlar
Paper	Qog'Oz
Pastels	Pastellar
Pencils	Qalamlar
Table	Jadval
Water	Suv
Watercolors	Akvarel

Astronomy
Astronomiya

Asteroid	Asteroid
Astronaut	Astronavt
Astronomer	Astronom
Cosmos	Kosmos
Earth	Yer
Eclipse	Tutilish
Equinox	Tenglik
Galaxy	Galaktika
Meteor	Meteor
Moon	Oy
Nebula	Nebula
Observatory	Rasadxona
Planet	Planet
Radiation	Radiatsiya
Rocket	Raketa
Sky	Osmon
Solar	Quyosh
Supernova	Supernova
Telescope	Teleskop
Zodiac	Zodiak

Ballet
Baletname

Applause	Qarsaklar
Artistic	Badiiy
Audience	Auditoriya
Ballerina	Balerina
Choreography	Xoreografiya
Composer	Bastor
Dancers	Raqqosalar
Expressive	Ifodali
Gesture	Jest
Intensity	Intensivlik
Lessons	Darslar
Muscles	Muskullar
Music	Musiqa
Orchestra	Orkestr
Practice	Amaliyot
Rhythm	Ritm
Skill	Mahorat
Solo	Solo
Style	Uslub
Technique	Texnika

Barbecues
Barbekyular

Chicken	Tovuq
Children	Bolalar
Dinner	Kechki Ovqat
Family	Oila
Food	Ovqat
Forks	Siyohlar
Friends	Do'Stlar
Fruit	Meva
Games	O'Yinlar
Grill	Grill
Hot	Issiq
Hunger	Ochlik
Knives	Pichoqlar
Music	Musiqa
Salads	Salatlar
Salt	Tuz
Sauce	Sos
Summer	Yoz
Tomatoes	Pomidor
Vegetables	Sabzavotlar

Beauty
Go'Zallik

Charm	Charm
Color	Rang
Cosmetics	Kosmetika
Curls	Curlar
Elegance	Nafislik
Elegant	Elegant
Fragrance	Xat
Grace	Istara
Lipstick	Lab Bo'Yog'l
Makeup	Pardoz
Mascara	Maskara
Mirror	Oyna
Oils	Yog'Lar
Photogenic	Fotogenik
Products	Mahsulotlar
Scissors	Qaychi
Services	Xizmatlar
Shampoo	Shampun
Skin	Teri
Stylist	Stilist

Bees
Asalarilar

Beneficial	Foydali
Blossom	Gullash
Diversity	Xilma-Xillik
Ecosystem	Ekotizim
Flowers	Gullar
Food	Ovqat
Fruit	Meva
Garden	Bog'
Habitat	Habitat
Hive	Oiv
Honey	Asal
Insect	Hasharot
Plants	O'Simliklar
Pollen	Polen
Pollinator	Pollinator
Queen	Malika
Smoke	Tutun
Sun	Quyosh
Swarm	Swarm
Wax	Mum

Birds
Qushlar

Canary	Kanar
Chicken	Tovuq
Crow	Krow
Cuckoo	Kuku
Duck	O'Rdak
Eagle	Burgut
Egg	Tuxum
Flamingo	Flamingo
Goose	G'Oz
Gull	Gull
Heron	Heron
Ostrich	Tuyaqus
Parrot	To'Tiqush
Peacock	Tovus
Pelican	Pelikan
Penguin	Pingvin
Sparrow	Chumchuq
Stork	Stork
Swan	Swan
Toucan	Tukan

Boats
Qayiqlar

Anchor	Langar
Buoy	Buoy
Canoe	Kanoe
Crew	Ekipaj
Dock	Duk
Engine	Dvigatel
Ferry	Parom
Kayak	Kayak
Lake	Ko'L
Lifeboat	Qayiq
Mast	Mast
Ocean	Okean
Raft	Raft
River	Daryo
Rope	Arqon
Sailboat	Shlyupka
Sailor	Dengizchi
Sea	Dengiz
Tide	Tide
Yacht	Yat

Books
Kitoblar

Adventure	Sarguzasht
Author	Muallif
Collection	To'Plam
Context	Kontekst
Duality	Ikkilik
Epic	Epik
Historical	Tarixiy
Humorous	Hazil
Inventive	Ixtirochi
Literary	Adabiy
Narrator	Hikoyachi
Novel	Roman
Page	Sahifa
Poem	She'R
Poetry	She'Riyat
Reader	O'Quvchi
Relevant	Muvofiq
Story	Hikoya
Tragic	Fojiali
Written	Yozilgan

Boxing
Boxing-Saisiyat

Bell	Bell
Body	Tanasi
Chin	Chin
Corner	Burchak
Elbow	Tirsak
Exhausted	Charaydi
Fighter	Jangchi
Fist	Fist
Focus	Fokus
Gloves	Qo'Lqoplar
Injuries	Jarohatlar
Kick	Tepish
Opponent	Raqib
Points	Ball
Quick	Tez
Recovery	Qayta Tiklash
Referee	Hakam
Ropes	Arqonlar
Skill	Mahorat
Strength	Kuch

Buildings
Binolar

Apartment	Kvartira
Barn	Barn
Cabin	Kabina
Castle	Qala
Cinema	Kino
Embassy	Elchixona
Factory	Zavod
Hospital	Kasalxona
Hostel	Yotoqxona
Hotel	Mehmonxona
Laboratory	Laboratoriya
Museum	Muzey
Observatory	Rasadxona
School	Maktab
Stadium	Stadion
Supermarket	Supermarket
Tent	Chodir
Theater	Teatr
Tower	Munira
University	Universitet

Business
Biznes

Budget	Byudjet
Career	Kamera
Company	Kompaniya
Cost	Xarajat
Currency	Valyuta
Discount	Chegirma
Economics	Iqtisodiyot
Employee	Xodim
Employer	Ish Beruvchi
Factory	Zavod
Finance	Moliya
Income	Daromad
Investment	Sarmoya
Manager	Rahbar
Merchandise	Tovar
Money	Pul
Office	Idora
Sale	Sotish
Shop	Do'Kon
Taxes	Soliqlar

Camping
Kempinglar

Adventure	Sarguzasht
Animals	Hayvonlar
Cabin	Kabina
Canoe	Kanoe
Compass	Kompas
Fire	Olov
Forest	O'Rmon
Fun	Qiziqarli
Hammock	Hamok
Hat	Shlyapa
Hunting	Ovchilik
Insect	Hasharot
Lake	Ko'L
Map	Xarita
Moon	Oy
Mountain	Tog'
Nature	Tabiat
Rope	Arqon
Tent	Chodir
Trees	Daraxtlar

Chemistry
Kimyo

Acid	Kislota
Alkaline	Ishqorli
Atomic	Atom
Carbon	Karbon
Catalyst	Katalizator
Chlorine	Xlor
Electron	Elektron
Enzyme	Ferment
Gas	Gaz
Heat	Issiqlik
Hydrogen	Vodorod
Ion	Ion
Liquid	Suyuq
Molecule	Molekula
Nuclear	Yadro
Organic	Organik
Oxygen	Kislorod
Salt	Tuz
Temperature	Harorat
Weight	Vazn

Chess
Shaxmat

Black	Qora
Challenges	Muammolar
Champion	Chempion
Contest	Tanlov
Diagonal	Diagonal
Game	O'Yin
King	Shoh
Opponent	Raqib
Passive	Passiv
Player	O'Yinchi
Points	Ball
Queen	Malika
Rules	Qoidalar
Sacrifice	Qurbon
Strategy	Strategiya
Time	Vaqt
To Learn	O'Rganish
Tournament	Turnir
White	Oq

Chocolate
Shokoladka

Antioxidant	Antioksidant
Aroma	Aroma
Artisanal	Artisanal
Bitter	Achchiq
Cacao	Kakao
Calories	Kaloriyalar
Candy	Qand
Caramel	Karamel
Coconut	Kokos
Delicious	Mazali
Exotic	Ekzotik
Favorite	Sevimli
Flavor	Lazzat
Ingredient	Tarkibi
Peanuts	Yong'Oq
Quality	Sifat
Recipe	Retsept
Sugar	Shakar
Sweet	Shirin
Taste	Ta'M

Circus
Ciramidafc

Acrobat	Akrobat
Animals	Hayvonlar
Balloons	Sharlar
Candy	Qand
Clown	Masxaraboz
Costume	Kostyum
Elephant	Fil
Juggler	Juggler
Lion	Sher
Magic	Sehr
Magician	Sehrgar
Monkey	Maymun
Music	Musiqa
Parade	Parad
Show	Ko'Rsatish
Spectacular	Ajoyib
Spectator	Tomoshabin
Tent	Chodir
Tiger	Tiger
Trick	Hiyla

Clothes
Kiyimlar

Apron	Apron
Belt	Kamar
Blouse	Bluza
Bracelet	Bilaguzuk
Coat	Palto
Dress	Kiyinish
Fashion	Moda
Gloves	Qo'Lqoplar
Hat	Shlyapa
Jacket	Jaket
Jeans	Jinslar
Necklace	Marjon
Pajamas	Pijamalar
Pants	Shimlar
Sandals	Sandallar
Scarf	Sharf
Shirt	Ko'Ylak
Shoe	Sho'rva
Skirt	Etek
Sweater	Sviter

Coffee
Kofe Qaynatgichlar va Ko

Acidic	Kislotali
Aroma	Aroma
Beverage	Ichimlik
Bitter	Achchiq
Black	Qora
Caffeine	Kofein
Cream	Krem
Cup	Cup
Filter	Filter
Flavor	Lazzat
Grind	Yig'Lash
Liquid	Suyuq
Milk	Sut
Morning	Tong
Origin	Asli
Price	Narx
Roasted	Qovurilgan
Sugar	Shakar
Variety	Turli
Water	Suv

Colors
Ranglar

Azure	Azure
Beige	Bej
Black	Qora
Blue	Ko'K
Brown	Jigarrang
Cyan	Cyan
Fuchsia	Fuşya
Green	Yashil
Grey	Kulrang
Indigo	Indigo
Magenta	Magenta
Orange	Apelsin
Pink	Pushti
Purple	Safsar
Red	Qizil
Sepia	Sepiya
Violet	Binafsha
White	Oq
Yellow	Sariq

Countries #1
Mamlakatlar #1

Brazil	Braziliya
Canada	Kanada
Egypt	Misr
Finland	Finlandiya
Germany	Germaniya
Iraq	Iroq
Israel	Isroil
Italy	Italiya
Latvia	Latviya
Libya	Liviya
Morocco	Marokko
Nicaragua	Nikaragua
Norway	Norvegiya
Panama	Panama
Poland	Polsha
Romania	Ruminiya
Senegal	Senegal
Spain	Ispaniya
Venezuela	Venesuela
Vietnam	Vyetnam

Countries #2
Mamlakatlar #2

Albania	Albaniya
Denmark	Daniya
Ethiopia	Efiopiya
Greece	Gretsiya
Haiti	Gaiti
Jamaica	Yamayka
Japan	Yaponiya
Laos	Laos
Lebanon	Livan
Liberia	Liberiya
Mexico	Meksika
Nepal	Nepal
Nigeria	Nigeriya
Pakistan	Pokistan
Russia	Rossiya
Somalia	Somali
Sudan	Sudan
Syria	Suriya
Uganda	Uganda
Ukraine	Ukraina

Creativity
Ijodkorlik

Artistic	Badiiy
Authenticity	Haqiqiylik
Clarity	Ravshanlik
Dramatic	Dramatik
Emotions	Hissiyotlar
Expression	Ifoda
Feelings	Tuyg'Ular
Ideas	Fikrlar
Image	Rasm
Imagination	Tasavvur
Impression	Taassurot
Inspiration	Ilhom
Intensity	Intensivlik
Intuition	Sezgi
Inventive	Ixtirochi
Sensation	Sensatsiya
Skill	Mahorat
Spontaneous	Tabiiy
Vitality	Hayotiylik

Days and Months
Kunlar va Oylar

April	Aprel
August	Avgust
Calendar	Taqvim
February	Fevral
Friday	Juma
January	Yanvar
July	Iyul
March	Mart
Monday	Dushanba
Month	Oy
November	Noyabr
October	Oktyabr
Saturday	Shanba
September	Sentyabr
Sunday	Yakshanba
Thursday	Payshanba
Tuesday	Seshanba
Wednesday	Chorshanba
Week	Hafta
Year	Yil

Diplomacy
Diplomatiya

Adviser	Maslahatchi
Ambassador	Elchi
Citizens	Fuqarolar
Civic	Fuqarolik
Community	Jamiyat
Conflict	Mojaro
Cooperation	Hamkorlik
Diplomatic	Diplomatik
Discussion	Muhokaza
Embassy	Elchixona
Ethics	Etika
Government	Hukumat
Humanitarian	Gumanitar
Integrity	Baxtlik
Justice	Adolat
Politics	Siyosat
Resolution	Qaror
Security	Xavfsizlik
Solution	Yechim
Treaty	Shartnoma

Driving
Haydash

Accident	Avariya
Brakes	Tormozlar
Car	Avtomobil
Danger	Xavf
Driver	Haydovchi
Fuel	Yoqilg'l
Garage	Garaj
Gas	Gaz
License	Litsenziya
Map	Xarita
Motor	Motor
Motorcycle	Mototsikl
Pedestrian	Piyoda
Police	Militsiya
Road	Yo'L
Safety	Xavfsizlik
Speed	Tezlik
Traffic	Trafik
Truck	Yuk Mashinasi
Tunnel	Tunnel

Ecology
Ekologiya

Climate	Iqlim
Communities	Jamoalar
Diversity	Xilma-Xillik
Drought	Qurg'Oqchilik
Fauna	Fauna
Flora	Flora
Global	Global
Habitat	Habitat
Marine	Dengiz
Marsh	Marsh
Mountains	Tog'Lar
Natural	Tabiiy
Nature	Tabiat
Plants	O'Simliklar
Resources	Manbalar
Species	Turlar
Survival	Omon Qolish
Sustainable	Barqaror
Vegetation	O'Simlar
Volunteers	Volontyorlar

Electricity
Elektr Energiyasi

Battery	Batareya
Bulb	Lampochka
Cable	Kabel
Electric	Elektr
Electrician	Elektrik
Equipment	Uskunalar
Generator	Generator
Lamp	Chiroq
Laser	Lazer
Magnet	Magnit
Negative	Manfiy
Network	Tarmoq
Objects	Narsalar
Positive	Ijobiy
Quantity	Miqdori
Socket	Soket
Storage	Saqlash
Telephone	Telefon
Wires	Simlar

Energy
Energiya

Battery	Batareya
Carbon	Karbon
Diesel	Dizel
Electric	Elektr
Electron	Elektron
Engine	Dvigatel
Entropy	Entropiya
Environment	Atrof-Muhit
Fuel	Yoqilg'l
Gasoline	Benzin
Heat	Issiqlik
Hydrogen	Vodorod
Industry	Sanoat
Motor	Motor
Nuclear	Yadro
Photon	Foton
Pollution	Ifloslanish
Steam	Steam
Turbine	Turbina
Wind	Shamol

Engineering
Muhandislik

Angle	Burchak
Axis	Eks
Calculation	Hisoblash
Construction	Qurilish
Depth	Chuqurlik
Diagram	Diagramma
Diameter	Diametri
Diesel	Dizel
Distribution	Tarqatish
Energy	Energiya
Engine	Dvigatel
Levers	Tutaqlar
Liquid	Suyuq
Machine	Mashina
Measurement	O'Lchov
Motor	Motor
Propulsion	Pulsiya
Stability	Barqarorlik
Strength	Kuch
Structure	Tuzilishi

Ethics
Etika Morosini

Altruism	Altruizm
Compassion	Rahmat
Cooperation	Hamkorlik
Dignity	Viqor
Diplomatic	Diplomatik
Honesty	Halollik
Humanity	Insoniyat
Individualism	Individualizm
Integrity	Baxtlik
Kindness	Mehribonlik
Optimism	Optimizm
Patience	Sabr
Philosophy	Falsafa
Rationality	Ratsionallik
Realism	Realizm
Reasonable	Oqilona
Respectful	Hurmatli
Tolerance	Chidam
Values	Qiymatlar
Wisdom	Hikmat

Family
Oila

Ancestor	Ajdod
Aunt	Xala
Brother	Aka
Child	Bola
Childhood	Bolalik
Children	Bolalar
Cousin	Amakivachcha
Daughter	Qizi
Father	Ota
Grandchild	To'ra
Grandfather	Bobo
Grandmother	Buvijon
Grandson	Nabira
Husband	Er
Mother	Ona
Nephew	Jiyan
Paternal	Ota-Ona
Sister	Opa
Uncle	Amaki
Wife	Xotin

Farm #1
Ferma # 1

Bee	Asalari
Bison	Bizon
Calf	Buzoq
Cat	Mushuk
Chicken	Tovuq
Cow	Sigir
Crow	Krow
Dog	It
Donkey	Eshak
Fence	Dorq
Fertilizer	O'G'lt
Field	Maydon
Goat	Echki
Hay	Hay
Honey	Asal
Horse	Ot
Rice	Guruch
Seeds	Urug'Lar
Shovels	Buraklar
Water	Suv

Farm #2
Ferma # 2

Animals	Hayvonlar
Barley	Arpa
Barn	Barn
Corn	Makkajo'Xori
Duck	O'Rdak
Farmer	Fermer
Food	Ovqat
Fruit	Meva
Irrigation	Sug'Orish
Lamb	Qo'Zichoq
Llama	Llama
Meadow	Chaman
Milk	Sut
Orchard	Bog'
Ripe	Pishgan
Sheep	Qo'Ylar
Shepherd	Cho'Pon
Tractor	Traktor
Vegetable	Sabzavot
Wheat	Bug'Od

Fashion
Moda

Affordable	Affordable
Boutique	Butik
Buttons	Tugmalar
Clothing	Kiyim
Comfortable	Qulay
Elegant	Elegant
Embroidery	Naqshlar
Expensive	Qimmat
Fabric	Mato
Lace	To'R
Measurements	O'Lchovlar
Minimalist	Minimalist
Modern	Zamonaviy
Modest	Oddiy
Original	Original
Practical	Amaliy
Style	Uslub
Texture	Tektura
Trend	Trend

Food #1
Oziq-Ovqat #1

Apricot	O'Rik
Barley	Arpa
Basil	Basil
Carrot	Sabzi
Cinnamon	Dolch
Juice	Sharbat
Lemon	Limon
Milk	Sut
Onion	Piyoz
Peanut	Yeryong'Oq
Pear	Nok
Salad	Salat
Salt	Tuz
Soup	Sho'Rva
Spinach	Ismaloq
Strawberry	Qulupnay
Sugar	Shakar
Tofu	Tofu
Tuna	To'n
Turnip	Sholg'Om

Food #2
Oziq-Ovqat #2

Apple	Olma
Artichoke	Artishok
Banana	Banan
Bread	Non
Broccoli	Brokkoli
Celery	Seldr
Cheese	Pishloq
Cherry	Gilos
Chicken	Tovuq
Chocolate	Shokolad
Egg	Tuxum
Eggplant	Baqlajon
Fish	Baliq
Grape	Uzum
Kiwi	Kivi
Mushroom	Qo'Ziqorin
Rice	Guruch
Tomato	Pomidor
Wheat	Bug'Od
Yogurt	Qatiq

Force and Gravity
Quvvati va Tortishish

Axis	Eks
Center	Markaz
Discovery	Kashfiyot
Distance	Masofa
Dynamic	Dinamik
Expansion	Kengaytirish
Friction	Ishqalanish
Impact	Ta'Sir
Magnetism	Magnetizm
Mechanics	Mexanika
Motion	Harakat
Orbit	Orbita
Physics	Fizika
Planets	Sayyoralar
Pressure	Bosim
Properties	Xossalari
Speed	Tezlik
Time	Vaqt
Universal	Universal
Weight	Vazn

Fruit
Meva

Apple	Olma
Apricot	O'Rik
Avocado	Avokado
Banana	Banan
Berry	Berri
Cherry	Gilos
Coconut	Kokos
Fig	Anjir
Grape	Uzum
Guava	Guava
Kiwi	Kivi
Lemon	Limon
Mango	Mango
Melon	Qovun
Nectarine	Nektarin
Papaya	Papaya
Peach	Shaftoli
Pear	Nok
Pineapple	Ananas
Raspberry	Malina

Garden
Bog '

Bench	O'Rindiq
Bush	Bush
Fence	Dorq
Flower	Gul
Garage	Garaj
Garden	Bog'
Grass	O'T
Hammock	Hamok
Hose	Shlang
Pond	Hovuz
Porch	Ayvon
Rake	Xaskash
Rocks	Qoyalar
Shovel	Belkurak
Soil	Tuproq
Terrace	Terrasa
Trampoline	Trampolin
Tree	Daraxt
Vine	Vin
Weeds	Begona O'Tlar

Gardening
Bog'Dorchilik

Blossom	Gullash
Botanical	Botanika
Bouquet	Guldasta
Climate	Iqlim
Compost	Kompost
Container	Idish
Dirt	Kir
Edible	Yeyiladigan
Exotic	Ekzotik
Floral	Gul
Foliage	Barglar
Hose	Shlang
Leaf	Barg
Moisture	Namlik
Orchard	Bog'
Seasonal	Mavsumiy
Seeds	Urug'Lar
Soil	Tuproq
Species	Turlar
Water	Suv

Geography
Geografiya. Uz

Altitude	Balandlik
Atlas	Atlas
City	Shahar
Continent	Qit'A
Country	Mamlakat
Equator	Ekvator
Hemisphere	Yarimshar
Island	Orol
Latitude	Kenglik
Map	Xarita
Meridian	Meridian
Mountain	Tog'
North	Shimol
Ocean	Okean
River	Daryo
Sea	Dengiz
South	Janubiy
Territory	Hudud
West	G'Arb
World	Dunyo

Geology
Geologiya

Acid	Kislota
Calcium	Kalsiy
Cavern	G'Or
Continent	Qit'A
Coral	Marjon
Crystals	Kristallar
Cycles	Sikllar
Earthquake	Zilzila
Erosion	Eroziya
Fossil	Qazilma
Geyser	Geyzer
Lava	Lava
Layer	Qatlam
Minerals	Minerallar
Plateau	Plato
Quartz	Kvars
Salt	Tuz
Stalactite	Stalaktit
Stone	Tosh
Volcano	Vulqon

Geometry
Geometriya

Angle	Burchak
Calculation	Hisoblash
Circle	Doira
Curve	Egri Chiziq
Diameter	Diametri
Dimension	O'Lcham
Equation	Tenglama
Height	Balandligi
Horizontal	Gorizontal
Logic	Mantiq
Mass	Massa
Median	Median
Number	Raqam
Parallel	Parallel
Proportion	Mutanosiblik
Segment	Segment
Surface	Yuza
Symmetry	Simmetriya
Theory	Nazariya
Triangle	Uchburchak

Government
Hukumat

Citizenship	Fuqarolik
Constitution	Konstitutsiya
Democracy	Demokratiya
Discussion	Muhokaza
District	Tuman
Equality	Tenglik
Independence	Mustaqillik
Judicial	Sud
Justice	Adolat
Law	Qonun
Leader	Rahbar
Liberty	Ozodlik
Monument	Yodgorlik
Nation	Millat
National	Milliy
Peaceful	Tinch
Politics	Siyosat
Speech	Nutq
State	Davlat
Symbol	Ramz

Hair Types
Soch Turlari

Bald	Tak
Black	Qora
Blond	Sariq
Braided	O'rgan
Braids	Bintlar
Brown	Jigarrang
Colored	Rangli
Curls	Curlar
Curly	Jingalak
Dry	Quruq
Gray	Kulrang
Healthy	Sog'Lom
Long	Uzun
Shiny	Yorqin
Short	Qisqa
Soft	Yumshoq
Thick	Qalin
Thin	Yupqa
Wavy	To'Lqinli
White	Oq

Health and Wellness #1
Sog'Liqni Saqlash va Sog

Active	Faol
Bacteria	Bakteriyalar
Bones	Suyaklar
Clinic	Klinika
Doctor	Shifokor
Fracture	Sinish
Habit	Odat
Height	Balandligi
Hormones	Gormonlar
Hunger	Ochlik
Medicine	Dori
Muscles	Muskullar
Nerves	Nervlar
Pharmacy	Dorixona
Reflex	Refleks
Relaxation	Yengillik
Skin	Teri
Therapy	Terapiya
Treatment	Davolash
Virus	Virus

Health and Wellness #2
Sog'Liqni Saqlash va Sog

Allergy	Allergiya
Anatomy	Anatomiya
Appetite	İştaha
Blood	Qon
Calorie	Kaloriya
Dehydration	Suvsizlanish
Diet	Diet
Disease	Kasallik
Energy	Energiya
Genetics	Genetika
Healthy	Sog'Lom
Hospital	Kasalxona
Hygiene	Gigiena
Infection	Infeksiya
Massage	Massaj
Nutrition	Oziqlanish
Recovery	Qayta Tiklash
Stress	Stress
Vitamin	Vitamin
Weight	Vazn

Herbalism
O'Simlikshunoslik

Aromatic	Aromatik
Basil	Basil
Beneficial	Foydali
Culinary	Kulinar
Fennel	Arizon
Flavor	Lazzat
Flower	Gul
Garden	Bog'
Green	Yashil
Ingredient	Tarkibi
Lavender	Lavanda
Marjoram	Marjoram
Mint	Mint
Oregano	Oregano
Parsley	Petrushka
Plant	O'Simlik
Quality	Sifat
Rosemary	Rozmari
Saffron	Zafron
Tarragon	Tarragon

Hiking
Piyoda Yurish

Animals	Hayvonlar
Boots	Etiklar
Camping	Lager
Cliff	Jarlik
Climate	Iqlim
Guides	Qo'Llanmalar
Hazards	Xavflar
Heavy	Og'Ir
Map	Xarita
Mountain	Tog'
Nature	Tabiat
Orientation	Yo'Nalish
Parks	Parklar
Preparation	Tayyorgarlik
Stones	Toshlar
Summit	Sammit
Sun	Quyosh
Tired	Charchagan
Water	Suv
Wild	Yovvoyi

House
Uy

Attic	Boloxona
Basement	Yerto'La
Broom	Supurgi
Curtains	Pardalar
Door	Eshik
Fence	Dorq
Fireplace	Kamin
Floor	Qat
Furniture	Mebel
Garage	Garaj
Garden	Bog'
Keys	Kaltlar
Kitchen	Oshxona
Lamp	Chiroq
Library	Kutubxona
Mirror	Oyna
Roof	Tomi
Room	Xona
Shower	Dush
Wall	Devor

Human Body
Inson Tanasi

Ankle	To'Piq
Blood	Qon
Bones	Suyaklar
Brain	Miya
Chin	Chin
Ear	Quloq
Elbow	Tirsak
Face	Yuz
Finger	Barmoq
Hand	Qo'L
Head	Bosh
Heart	Yurak
Jaw	Jag
Knee	Tizza
Leg	Oyoq
Mouth	Og'Iz
Neck	Bo'Yin
Nose	Burun
Shoulder	Yelka
Skin	Teri

Insects
Hasharotlar

Ant	Chumoli
Aphid	Aphid
Bee	Asalari
Beetle	Qo'Ng'Iz
Butterfly	Kapa
Cicada	Cicada
Cockroach	Suvarak
Dragonfly	Ajdarho
Flea	Burga
Grasshopper	O'Tloq
Hornet	Hornet
Ladybug	Ladybug
Larva	Larva
Locust	Chigirtka
Mantis	Mantis
Mosquito	Chabin
Moth	Moth
Termite	Termit
Wasp	Wasp
Worm	Qurt

Jazz
Jaz

Album	Albom
Applause	Qarsaklar
Artist	Rassom
Composer	Bastor
Composition	Tarkibi
Concert	Konsert
Drums	Barabanlar
Emphasis	Urg'U
Famous	Mashhur
Favorites	Sevimlilar
Genre	Janr
Music	Musiqa
New	Yangi
Old	Eski
Orchestra	Orkestr
Rhythm	Ritm
Song	Qo'Shiq
Style	Uslub
Talent	Iste'Dod
Technique	Texnika

Landscapes
Manzaralari

Beach	Plyaj
Cave	G'Or
Desert	Chul
Geyser	Geyzer
Glacier	Muzlik
Hill	Hill
Iceberg	Aysberg
Island	Orol
Lake	Ko'L
Mountain	Tog'
Oasis	Oasis
Ocean	Okean
Peninsula	Yarimorol
River	Daryo
Sea	Dengiz
Swamp	Botqoq
Tundra	Tundra
Valley	Vodiy
Volcano	Vulqon
Waterfall	Sharshara

Literature
Adabiyot

Analogy	Analogiya
Analysis	Tahlil
Anecdote	Anekdot
Author	Muallif
Biography	Biografiya
Comparison	Taqqoslash
Conclusion	Xulosa
Description	Tavsif
Dialogue	Dialog
Fiction	Fansiya
Metaphor	Metafora
Narrator	Hikoyachi
Novel	Roman
Poem	She'R
Poetic	Poetik
Rhyme	Qofiya
Rhythm	Ritm
Style	Uslub
Theme	Mavzu
Tragedy	Fojia

Mammals
Sutemizuvchilar

Bear	Ayiq
Beaver	Beaver
Bull	Buqa
Cat	Mushuk
Coyote	Koyot
Dog	It
Dolphin	Delfin
Elephant	Fil
Fox	Fox
Giraffe	Jirafa
Gorilla	Gorilla
Horse	Ot
Kangaroo	Kanguru
Lion	Sher
Monkey	Maymun
Rabbit	Quyon
Sheep	Qo'Ylar
Whale	Kit
Wolf	Bo'Ri
Zebra	Zebra

Math
Matematika

Angles	Burchaklar
Arithmetic	Arifmetika
Circumference	Aylana
Decimal	Kasr
Degrees	Darajalar
Diameter	Diametri
Equation	Tenglama
Exponent	Eksponent
Fraction	Fraksiya
Geometry	Geometriya
Numbers	Raqamlar
Parallel	Parallel
Perimeter	Perimetri
Polygon	Ko'Pburchak
Radius	Radius
Rectangle	To'Rtburchak
Square	Kvadrat
Symmetry	Simmetriya
Triangle	Uchburchak
Volume	Ovoz

Measurements
O'Lchovlar

Byte	Bayt
Centimeter	Santimetr
Decimal	Kasr
Degree	Daraja
Depth	Chuqurlik
Gram	Gram
Height	Balandligi
Inch	Dyuym
Kilogram	Kilogramm
Kilometer	Kilometr
Length	Uzunlik
Liter	Litr
Mass	Massa
Meter	Metr
Minute	Daqiqa
Ounce	O't
Ton	Ton
Volume	Ovoz
Weight	Vazn
Width	Kengligi

Meditation
Meditatsiya

Acceptance	Qabul
Attention	Diqqat
Awake	Uyg'On
Breathing	Nafas Olish
Calm	Sokin
Clarity	Ravshanlik
Compassion	Rahmat
Emotions	Hissiyotlar
Habits	Odatlar
Kindness	Mehribonlik
Mental	Ruh
Mind	Aql
Movement	Harakat
Music	Musiqa
Nature	Tabiat
Peace	Tinchlik
Perspective	Qarash
Silence	Jim
Thoughts	Fikrlar
To Learn	O'Rganish

Music
Musiqa

Album	Albom
Ballad	Ballada
Chorus	Xor
Classical	Klassik
Eclectic	Eklektik
Harmonic	Armonli
Harmony	Garmoniya
Lyrical	Lirik
Melody	Melodiya
Microphone	Mikrofon
Musical	Musiqiy
Musician	Musiqachi
Opera	Opera
Poetic	Poetik
Recording	Yozib Olish
Rhythm	Ritm
Rhythmic	Ritmik
Sing	Kuylash
Singer	Qo'Shiqchi
Vocal	Vokal

Musical Instruments
Musiqa Asboblari

Banjo	Banjo
Bassoon	Bass
Cello	Violonchel
Chimes	Chimes
Clarinet	Klarnet
Drum	Baraban
Flute	Nay
Gong	Gong
Guitar	Gitara
Harp	Harp
Mandolin	Mandolin
Marimba	Marimba
Oboe	Oboy
Percussion	Perkussiya
Piano	Pianino
Saxophone	Saksofon
Tambourine	Daf
Trombone	Trombon
Trumpet	Karnay
Violin	Violin

Mythology
Mifologiya

Archetype	Namuna
Behavior	Xulq
Beliefs	E'Tiqodlar
Creation	Yaratish
Creature	Hayot
Culture	Madaniyat
Deities	Xudolar
Disaster	Falokat
Heaven	Osmon
Hero	Qahramon
Immortality	O'Lmaslik
Jealousy	Rashk
Labyrinth	Labirint
Legend	Afsona
Lightning	Chaqmoq
Monster	Monster
Mortal	O'Lim
Revenge	Qasos
Thunder	Momaqaldiroq
Warrior	Jangchi

Nature
Tabiat

Animals	Hayvonlar
Arctic	Arktika
Beauty	Go'Zallik
Bees	Asalarilar
Clouds	Bulutlar
Desert	Chul
Dynamic	Dinamik
Erosion	Eroziya
Fog	Tuman
Foliage	Barglar
Forest	O'Rmon
Glacier	Muzlik
Mountains	Tog'Lar
Peaceful	Tinch
River	Daryo
Sanctuary	Maskan
Serene	Toza
Tropical	Tropik
Vital	Vital
Wild	Yovvoyi

Numbers
Raqamlar

Decimal	Kasr
Eight	Sakkiz
Eighteen	O'n Sakkiz
Fifteen	O'n Besh
Five	Besh
Four	To'Rt
Fourteen	O'n To'Rt
Nine	To'Qqiz
Nineteen	O'n To'Qqiz
One	Bir
Seven	Yetti
Seventeen	O'n Yetti
Six	Olti
Sixteen	O'n Olti
Ten	O'N
Thirteen	O'n Uch
Three	Uch
Twelve	O'n Ikki
Twenty	Yigirma
Two	Ikki

Nutrition
Ovqatlanish

Appetite	İştaha
Balanced	Mulohazali
Bitter	Achchiq
Calories	Kaloriyalar
Carbohydrates	Uglevodlar
Diet	Diet
Digestion	Hazm Qilish
Edible	Yeyiladigan
Fermentation	Fermentatsiya
Flavor	Lazzat
Habits	Odatlar
Health	Salomatlik
Healthy	Sog'Lom
Nutrient	Ozuqa Moddasi
Proteins	Oqsillar
Quality	Sifat
Sauce	Sos
Toxin	Toksin
Vitamin	Vitamin
Weight	Vazn

Philanthropy
Filantropiya

Challenges	Muammolar
Charity	Xayriya
Children	Bolalar
Community	Jamiyat
Contacts	Aloqalar
Finance	Moliya
Funds	Mablag'Lar
Generosity	Saxiylik
Global	Global
Goals	Maqsadlar
Groups	Guruhlar
History	Tarix
Honesty	Halollik
Humanity	Insoniyat
Mission	Vazifa
Need	Kerak
People	Odamlar
Programs	Dasturlar
Public	Jamoat
Youth	Yoshlar

Physics
Fizika

Acceleration	Tezlanish
Atom	Atom
Chaos	Betartiblik
Chemical	Kimyoviy
Density	Zichlik
Electron	Elektron
Engine	Dvigatel
Expansion	Kengaytirish
Formula	Formula
Frequency	Chastotasi
Gas	Gaz
Magnetism	Magnetizm
Mass	Massa
Mechanics	Mexanika
Molecule	Molekula
Nuclear	Yadro
Particle	Zarracha
Relativity	Nisbiylik
Universal	Universal
Velocity	Tezlik

Plants
O'Simliklar

Bamboo	Bambuk
Bean	Loviya
Berry	Berri
Botany	Botanika
Bush	Bush
Cactus	Kaktus
Fertilizer	O'G'It
Flora	Flora
Flower	Gul
Foliage	Barglar
Forest	O'Rmon
Garden	Bog'
Grass	O'T
Ivy	Ivy
Moss	Moss
Petal	Gulbarg
Root	Ildiz
Stem	Negiz
Tree	Daraxt
Vegetation	O'Simlar

Professions #1
Kasblar #1

Ambassador	Elchi
Astronomer	Astronom
Attorney	Advokat
Banker	Bankir
Cartographer	Kartograf
Coach	Murabbiy
Dancer	Raqqosa
Doctor	Shifokor
Editor	Muharriri
Geologist	Geolog
Hunter	Ovchi
Jeweler	Zargar
Musician	Musiqachi
Nurse	Hamshira
Pianist	Pianinochi
Plumber	Plumber
Psychologist	Psixolog
Sailor	Dengizchi
Tailor	Tikuvchi
Veterinarian	Veterinar

Professions #2
Kasblar #2

Astronaut	Astronavt
Biologist	Biolog
Dentist	Tish Doktori
Detective	Detektiv
Engineer	Muhandis
Farmer	Fermer
Gardener	Bog'Bon
Illustrator	Illyustrator
Inventor	Ixtirochi
Journalist	Jurnalist
Librarian	Kutubxonachi
Linguist	Tilich
Painter	Rassom
Philosopher	Faylasuf
Photographer	Fotograf
Physician	Tabib
Pilot	Pilot
Surgeon	Jarroh
Teacher	O'Qituvchi
Zoologist	Zoolog

Psychology
Psixologiya

Appointment	Uchrashuv
Assessment	Baholash
Behavior	Xulq
Childhood	Bolalik
Clinical	Klinik
Cognition	Bilish
Conflict	Mojaro
Dreams	Orzular
Ego	Ego
Emotions	Hissiyotlar
Experiences	Tajribalar
Influences	Ta'Sirlar
Perception	Idrok
Personality	Shaxs
Problem	Muammo
Reality	Haqiqat
Sensation	Sensatsiya
Therapy	Terapiya
Thoughts	Fikrlar
Unconscious	Ongsiz

Restaurant #2
Restaurant # 2

Appetizer	Appetizer
Beverage	Ichimlik
Cake	Kek
Chair	Kafedra
Delicious	Mazali
Dinner	Kechki Ovqat
Eggs	Tuxum
Fish	Baliq
Fork	Vilkalar
Fruit	Meva
Ice	Muz
Lunch	Tushlik
Salad	Salat
Salt	Tuz
Soup	Sho'Rva
Spices	Ziravorlar
Spoon	Qoshiq
Vegetables	Sabzavotlar
Waiter	Ofitsiant
Water	Suv

Science
Ilm-Fan

Atom	Atom
Chemical	Kimyoviy
Climate	Iqlim
Data	Ma'Lumotlar
Evolution	Evolyutsiya
Experiment	Tajriba
Fact	Haqiqat
Fossil	Qazilma
Gravity	Tortish
Hypothesis	Gipoteza
Laboratory	Laboratoriya
Method	Usul
Minerals	Minerallar
Molecules	Molekulalar
Nature	Tabiat
Organism	Organizm
Particles	Zarralar
Physics	Fizika
Plants	O'Simliklar
Scientist	Olim

Science Fiction
Ilmiy Fantastika

Atomic	Atom
Books	Kitoblar
Cinema	Kino
Clones	Klonlar
Distant	Uzoq
Dystopia	Distopiya
Explosion	Portlash
Extreme	Ashaddiy
Fire	Olov
Futuristic	Futuristik
Galaxy	Galaktika
Illusion	Xayol
Imaginary	Xayoliy
Mysterious	Sirli
Oracle	Oracle
Planet	Planet
Robots	Robotlar
Technology	Texnologiya
Utopia	Utopiya
World	Dunyo

Scientific Disciplines
Ilmiy Fanlar

Anatomy	Anatomiya
Archaeology	Arxeologiya
Astronomy	Astronomiya
Biochemistry	Biokimyo
Biology	Biologiya
Botany	Botanika
Chemistry	Kimyo
Ecology	Ekologiya
Geology	Geologiya
Immunology	Immunologiya
Kinesiology	Kinesiologiya
Linguistics	Tilshunoslik
Mechanics	Mexanika
Mineralogy	Mineralogiya
Neurology	Nevrologiya
Physiology	Fiziologiya
Psychology	Psixologiya
Sociology	Sotsiologiya
Thermodynamics	Termodinamika
Zoology	Zoologiya

Shapes
Shakllar

Arc	Arc
Circle	Doira
Cone	Konus
Corner	Burchak
Cube	Kub
Curve	Egri Chiziq
Cylinder	Silindr
Edges	Chetlari
Ellipse	Ellips
Hyperbola	Giperbola
Line	Satr
Oval	Oval
Polygon	Ko'Pburchak
Prism	Prizma
Pyramid	Piramida
Rectangle	To'Rtburchak
Side	Yon
Sphere	Sfera
Square	Kvadrat
Triangle	Uchburchak

Spices
Ziravorlar

Anise	Anise
Bitter	Achchiq
Cardamom	Kardamom
Cinnamon	Dolch
Clove	Qo'ng'iroq
Coriander	Kashnich
Cumin	Zira
Curry	Kari
Fennel	Arizon
Fenugreek	Fenugreek
Flavor	Lazzat
Ginger	Zanjabil
Licorice	Qizilmiya
Nutmeg	Nutmeg
Onion	Piyoz
Paprika	Paprika
Saffron	Zafron
Salt	Tuz
Sweet	Shirin
Vanilla	Vanil

The Company
Kompaniya

Business	Biznes
Creative	Ijodiy
Decision	Qaror
Employment	Bandlik
Global	Global
Industry	Sanoat
Innovative	Innovatsion
Investment	Sarmoya
Possibility	Imkoniyat
Presentation	Taqdimot
Product	Mahsulot
Professional	Professional
Progress	Taraqqiyot
Quality	Sifat
Reputation	Obron
Resources	Manbalar
Revenue	Daromad
Risks	Xavflar
Trends	Trendlar
Units	Birliklar

The Media
Ommaviy Axborot Vositala

Advertisements	Reklamalar
Attitudes	Munosabat
Commercial	Tijorat
Communication	Aloqa
Digital	Raqamli
Edition	Nashr
Education	Ta'Lim
Facts	Faktlar
Images	Rasmlar
Individual	Individual
Industry	Sanoat
Intellectual	Intellektual
Local	Mahalliy
Magazines	Jurnallar
Network	Tarmoq
Newspapers	Gazetalar
Online	Onlayn
Opinion	Fikr
Public	Jamoat
Radio	Radio

Time
Vaqt

Annual	Yillik
Before	Oldin
Calendar	Taqvim
Century	Asr
Clock	Soat
Day	Kun
Decade	O'n Yil
Early	Erta
Future	Kelajak
Minute	Daqiqa
Month	Oy
Morning	Tong
Night	Tun
Noon	Peshin
Now	Hozir
Soon	Tez Orada
Today	Bugun
Week	Hafta
Year	Yil
Yesterday	Kecha

To Fill
To'Ldirish Uchun

Bag	Sumka
Barrel	Bochka
Basin	Havza
Basket	Savat
Bottle	Shisha
Box	Quti
Bucket	Chelak
Carton	Karton
Crate	Yashik
Drawer	Tortma
Envelope	Konvert
Folder	Jilk
Jar	Jar
Packet	Paket
Pocket	Cho'Ta
Suitcase	Chamadon
Tray	Tala
Tub	Tub
Tube	Truba
Vase	Vaza

Town
Shahar

Airport	Aeroport
Bakery	Novvoyxona
Bank	Bank
Bookstore	Kitob Do'Koni
Cafe	Kafe
Cinema	Kino
Clinic	Klinika
Florist	Florist
Gallery	Galereya
Hotel	Mehmonxona
Library	Kutubxona
Market	Bozor
Museum	Muzey
Pharmacy	Dorixona
School	Maktab
Stadium	Stadion
Store	Do'kon
Supermarket	Supermarket
Theater	Teatr
University	Universitet

Universe
Koinot

Asteroid	Asteroid
Astronomer	Astronom
Astronomy	Astronomiya
Atmosphere	Atmosfera
Celestial	Samoviy
Cosmic	Kosmik
Darkness	Zulmat
Eon	Eon
Galaxy	Galaktika
Hemisphere	Yarimshar
Horizon	Ufq
Latitude	Kenglik
Moon	Oy
Orbit	Orbita
Sky	Osmon
Solar	Quyosh
Solstice	Solstitsiya
Telescope	Teleskop
Visible	Ko'Rinadigan
Zodiac	Zodiak

Vacation #2
Dam Olish #2

Airport	Aeroport
Beach	Plyaj
Camping	Lager
Destination	Maqsad
Foreign	Xorijiy
Foreigner	Chet Ellik
Holiday	Bayram
Hotel	Mehmonxona
Island	Orol
Journey	Sayohat
Leisure	Dam
Map	Xarita
Mountains	Tog'Lar
Passport	Pasport
Sea	Dengiz
Taxi	Taksi
Tent	Chodir
Train	Poezd
Transportation	Tashish
Visa	Viza

Vegetables
Sabzavotlar

Artichoke	Artishok
Broccoli	Brokkoli
Carrot	Sabzi
Cauliflower	Gulkaram
Celery	Seldr
Cucumber	Bodring
Eggplant	Baqlajon
Ginger	Zanjabil
Mushroom	Qo'Ziqorin
Olive	Zaytun
Onion	Piyoz
Parsley	Petrushka
Pea	Pea
Pumpkin	Qovoq
Radish	Turp
Salad	Salat
Shallot	Shallot
Spinach	Ismaloq
Tomato	Pomidor
Turnip	Sholg'Om

Vehicles
Transport Vositalari

Airplane	Savol
Ambulance	Tez Yordam
Bicycle	Velosiped
Boat	Qayiq
Bus	Avtobus
Car	Avtomobil
Caravan	Karvon
Engine	Dvigatel
Ferry	Parom
Helicopter	Vertolyot
Motor	Motor
Raft	Raft
Rocket	Raketa
Scooter	Skuter
Shuttle	Shuttle
Subway	Metro
Taxi	Taksi
Tires	Shinalar
Tractor	Traktor
Truck	Yuk Mashinasi

Water
Suv

Canal	Kanal
Damp	Nam
Evaporation	Bug'Lanish
Flood	Sel
Frost	Sovuq
Geyser	Geyzer
Hurricane	Bo'Ron
Ice	Muz
Irrigation	Sug'Orish
Lake	Ko'L
Moisture	Namlik
Monsoon	Muson
Ocean	Okean
Rain	Yomg'Ir
River	Daryo
Shower	Dush
Snow	Qor
Steam	Bug'
Stream	Oqim
Waves	To'Lqinlar

Weather
Ob-Havo

Atmosphere	Atmosfera
Breeze	Shabada
Climate	Iqlim
Cloud	Bulut
Drought	Qurg'Oqchilik
Dry	Quruq
Flood	Sel
Fog	Tuman
Ice	Muz
Lightning	Yaqdim
Monsoon	Muson
Polar	Qutb
Rainbow	Kamalak
Sky	Osmon
Storm	Bo'Ron
Temperature	Harorat
Thunder	Momaqaldi
Tornado	Tornado
Tropical	Tropik
Wind	Shamol

Congratulations

You made it!

We hope you enjoyed this book as much as we enjoyed making it. We do our best to make high quality games.
These puzzles are designed in a clever way for you to learn actively while having fun!

Did you love them?

A Simple Request

Our books exist thanks your reviews. Could you help us by leaving one now?

Here is a short link which will take you to your order review page:

BestBooksActivity.com/Review50

MONSTER CHALLENGE!

Challenge #1

Ready for Your Bonus Game? We use them all the time but they are not so easy to find. Here are **Synonyms**!

Note 5 words you discovered in each of the Puzzles noted below (#21, #36, #76) and try to find 2 synonyms for each word.

Note 5 Words from *Puzzle 21*

Words	Synonym 1	Synonym 2

Note 5 Words from *Puzzle 36*

Words	Synonym 1	Synonym 2

Note 5 Words from *Puzzle 76*

Words	Synonym 1	Synonym 2

Challenge #2

Now that you are warmed-up, note 5 words you discovered in each Puzzle
noted below (#9, #17, #25) and try to find 2 antonyms for each word.
How many lines can you do in 20 minutes?

Note 5 Words from **Puzzle 9**

Words	Antonym 1	Antonym 2

Note 5 Words from **Puzzle 17**

Words	Antonym 1	Antonym 2

Note 5 Words from **Puzzle 25**

Words	Antonym 1	Antonym 2

Challenge #3

Wonderful, this monster challenge is nothing to you!

Ready for the last one? Choose your 10 favorite words discovered in any of the Puzzles and note them below.

1.	6.
2.	7.
3.	8.
4.	9.
5.	10.

Now, using these words and within a maximum of six sentences, your challenge is to compose a text about a person, animal or place that you love!

Tip: You can use the last blank page of this book as a draft!

Your Writing:

Explore a Unique Store
Set Up **FOR YOU!**

MEGA DEALS

BestActivityBooks.com/**TheStore**

Designed for Entertainment!

Light Up Your Brain With Unique **Gift Ideas**.

Access **Surprising** And **Essential Supplies!**

CHECK OUT OUR MONTHLY SELECTION NOW!

- Expertly Crafted Products -

NOTEBOOK:

SEE YOU SOON!

Linguas Classics Team

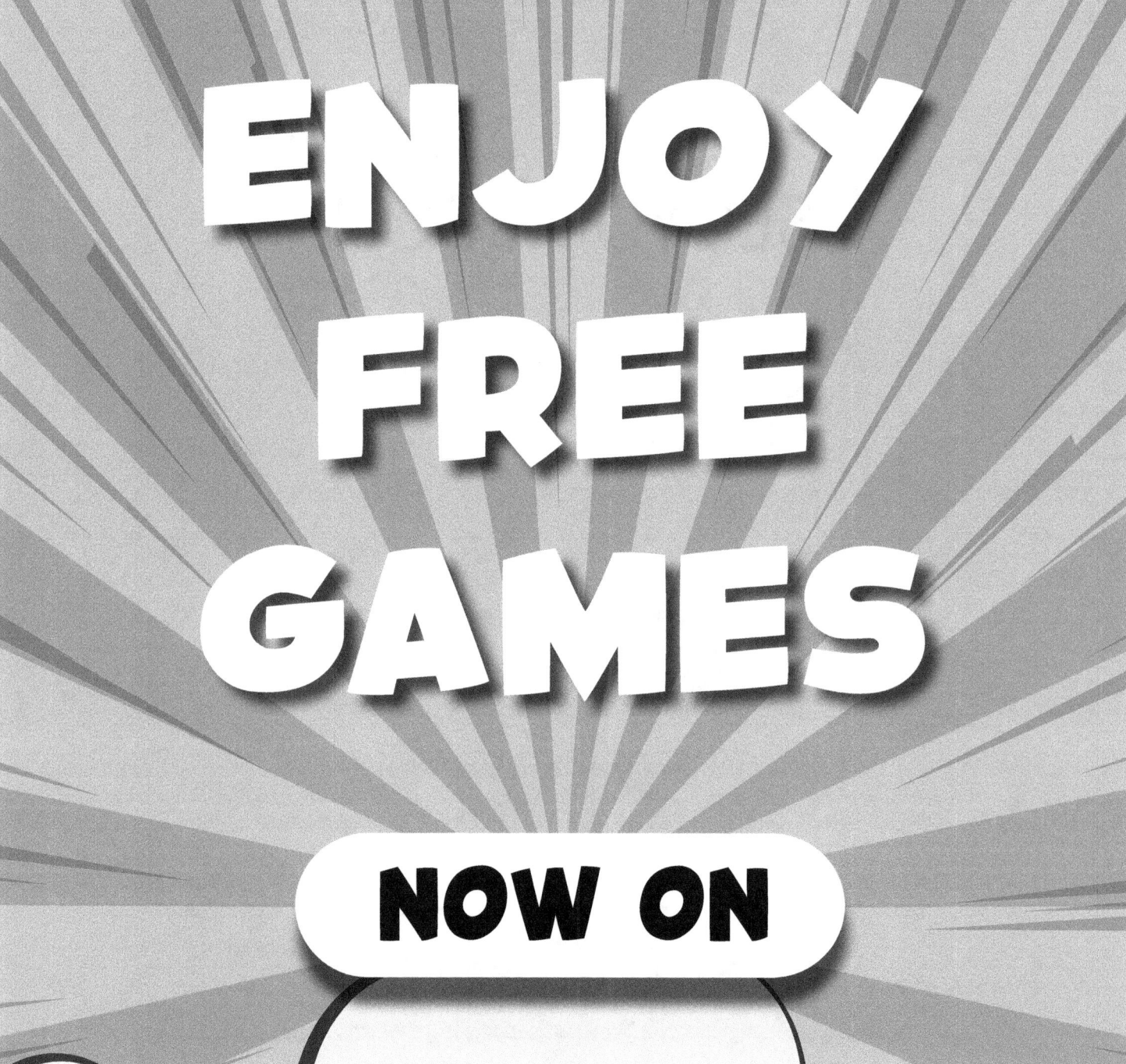

ENJOY FREE GAMES

NOW ON

↓

BESTACTIVITYBOOKS.COM/FREEGAMES